メディアと無意識

「夢語りの場」の探求

新宮一成【編著】

弘文堂

はじめに

本書は、治療的交流の中に夢分析の経験を活かしてきた精神科医と臨床心理士、夢語りが実際に世の中を動かした日本中世の例を発掘してきた歴史家、そしてメディア論的文脈から人間心理を考察してきた精神分析研究家が、共同で「夢語り」を再考した成果である。

「見た夢を伝えたい」、そう人が感じて夢を語り、人がそれに耳を傾ける、これまでのメディア研究からすると、そこにはどのような意味を新たに見出すことが出来るだろうか。「夢を語る」ということの意味を発掘するために、実際に一般の人々が夢を語りあう空間を再経験することもきっと有益だろう。私たちはそう考えて、「夢語りの場」を京都の古寺に設けてみた。本書は「夢語り」をめぐる四人の研究者の思索と、この「夢語りの場」の実践の記録から構成される。

夢という現象の意味づけは、神意の伝達という古代的観念から、個人の欲望の表現という近代的観念へと、歴史的に変遷してきた。しかしながら、夢の超自然的側面への固執は決して人々から消え失せたわけではない。病気と健康を問わず、人々の夢を聴き取ってみれば、いわゆる「テレパシー」や「予知夢」の数々の主張に出会うことになる。夢は、意味を賦与されながら、人から人へと語り渡される。たとえその意味が「テレパシー」や「予知夢」であっても、その伝達の事実に目をつぶるわけにはいかない。

振り返ってみれば、現代の精神分析の実践においてと同様、神意の伝達という夢の古代的な概念も、夢が誰かに語られることを前提としたものであった。日本中世の人々にとって、神仏のお告げとしての夢を語ることとは、この世の現実を動かす確実な論拠にもなり得たのである。昔も今も、夢は現実を動かすものであると信じられる傾きをもつが、そのような信念は、語りの伝達の中でこそ生きている。

これらのことを考えると、人間の夢のもともとの本質は、それが語られるというところにあると言うことができる。語られたものを人が信じ、それに基づいて行動する、これが社会における「メディア」の働きであるとするなら、夢は今日で言う「メディア」の一つであり続けてきたのである。非合理的なメディアが学問的な研究の対象となった例としては、すでに「うわさ」の場合が挙げられるであろう。人間が「夢を語る」という行為は、それが一見非合理的な側面を持っていればいるほど、かえってメディア論の平面にもたらして合理性の光を当てつつ研究する価値を有することになる。

メディア論の平面で「夢を語る」ことが意味づけられるなら、無意識という精神分析的概念にも格段に新しい視野が開けて来るであろう。「夢語りの場」は、現代では確かに昔よりも少なくなっている。それは精神分析のような特殊な場所に限局されているようにさえ見える。しかし、我々はそれでも日常に夢を語るし、またインターネットにもそうしたサイトが見受けられる。それらの何気ない夢語りは、重大な意味を持ち得た古代中世の夢語りの末裔であり、実はいまだに大きな意味を持ち得る可能性を残しているのではないだろうか。「夢を語る」ことが臨床場面の無意識を通してさらに持続的な広がりを持つようになれば、人々の社会的な談論も、より人々の真の欲望に沿う新しい質を帯びるかもしれない。本書では読者と共にそれらの可能性を探求していきたい。

メディアと無意識──「夢語りの場」の探求　目次

II

夢見ることから「夢を語ること」へ……081

新宮一成

III 夢語りとテレパシー ……… 127

IV うわさの現実 ……… 167

VII 夢語りの場の実践

終章

無意識のメディアを生きる　329

新宮一成

序章

コミュニケーションの伏流を求めて

0. ……………革命と催眠

フランス革命勃発前夜。

とはいっても、歴史の流れがつねにそうであるように、その渦中に巻き込まれている当事者たちは、意外にのんきなものである。

フランス貴族きっての名門のひとつである、ピュイゼギュール家の三兄弟もまたそうであった。こんなご時世に、いい家の若さまが三人揃って、ウィーンからやってきたという、いかがわしい「磁気術」なる芸を見せる自称医師に弟子入りしてしまったのだ。

このメスメルという名の流れ者に言わせれば、人体の健康は体内の動物磁気といわれる磁気のバランスで保たれていて、このバランスが崩れるといろいろと病気になったりするのだそうだ。そして、熟練した磁気術師は患者の磁気のバランスを操作することで、自由自在に発作を起こさせたり、病気をしずめたりもできるのだという。

ところが、若さまがその術をためしに、軽い呼吸器疾患に悩んでいるというヴィクトルという使用人にかけてみたところ、少々困ったことになった。男は師匠の患者のように痙攣や運動錯乱を起こすのではなく、一種奇妙な睡眠に入ってしまったのである。

やがて催眠と呼ばれることになるこの現象は、いわゆる夢遊病の状態によく似ていた。だが夢遊病の状態というのなら、ぼんやりと寝ぼけた的はずれなことしか考えられなくなるだろう、というイメージとは正反対に、ヴィクトルはふだん起きているときよりもはるかに意識は明晰で、頭の回転もずっとよくなっていたのである。ちょうど同時代人であろう、モーツァルトのオペラの主人公フィガロさながらに、利発で少々生意気に。それどころか、まるで主人の意志が読めるかのようにいろいろなことを先回りしてくれたというのだから、これはもう理想の召使である。あげくに、主人がふと心の中で思い浮かべただけのメロディーを、むこうで同時に歌い出すことまであったというのだから油断がならない。催眠術というと、われわれが治療者の側が患者のいろいろな過去の記憶を読み取るものだ、というイメージを持っているが、じっさいには患者の側もそれ以上に治療者の心を読み取っていたのである。催眠術師のことを「自分が催眠術をかけているという催眠にかけられている人のこと」と意地悪く定義する人が出てくるのももっともである。ラカンの言い方をもじれば、主人は自分が何を望んでいるかも知らずに好き勝手に命令を下しているだけで、その欲望についての知を握っているのは奴隷のほうなのだ。[1]

ところで、催眠がこのあとどういう運命を迎えたかは、精神医学の歴史でよく知られるとおりである。十九世紀後半、パリのサルペトリエール病院で治療技法として一大ブームを巻き起こしたのち、その科学性に対する疑いから、二十世紀を待つことなく急速に消失していくのである。その疑いの多くは、患者が治療者の期待に添おうと演技をしているだけではないのか、あるいは暗示に過ぎないのではないか、というものだった。

もちろんそうした批判は正当であった。しかし、そこで見落とされてしまっていることが一つあるとすれば、それはピュイゼギュール家の召使同様、患者たちが恐ろしいばかりの速さと正確さで、治療者の期待を、医者たちの欲望を読み取っていたということだろう。抑圧というのは、自分自身に不都合なことを自分自身で意識しないように圧し殺してしまうことで、催眠

1 Jacques Lacan, *L'envers de la psychanalyse, 1969-1975.* (*Le séminaire de Jacques Lacan, texte établi par Jacques-Alain Miller, livre 17*). Paris, Seuil, 1991. とりわけ第二章第一節。

はそのしばりを解いてくれるものだ、という治療モデルは、その後精神分析を生み出す要因のひとつになった。だが同時に、われわれは普段から他者についても非常に多くのことを知っており、そしてそのことを知らなかったことにしよう、知らなかったことにしたいという無知への情熱もまた存在しており、催眠はそのしばりを解いてくれるものでもあったという、逆方向の解釈もまた正しかったのかもしれない。

もちろん、いまはその解釈を裏づけるだけの材料はないし、またそもそも、そんな現象自体が何かの錯覚だったのではないか、気のせいではないのかと問い直してみることもできる。だが、錯覚ならば錯覚でよい。中世の哲学者風の言い方をすれば、見かけのうえで月と太陽の大きさが同じだからといって、両者が本当に同じ大きさというわけではない。しかし、両者が見掛け上は同じ大きさに見えるという錯覚そのものは、両者の地球からの距離、その本当の大きさ等々を考える上でのひとつの材料にはなる。錯覚を錯覚であると切り捨てるだけでは、そこに理性の働きはわずかしかない。しかし錯覚が成立する条件を理解することができれば、それだけでもひとつの発見であるし、その条件が現代にも適用できそうなかたちで生きているというのであれば、なおのこと有意義だろう。それは、大まかに言うと、われわれが人とともに在るということはどういうことなのか、という問いであり、ひとととともにある時、ある特異的な場面で起こるさまざまな現象を材料として、人とことばとの関わりを考え直すことで、その問いを考えていく、ということである。

1.……………メディアとしての人間

もちろん、そうした条件をすぐにきっちりとしたかたちで探り出すことは難しい。とはいえ、まずその大まかなラインを描いてみせることはできる。

さて、それではその第一の条件を、まずはこう仮定してみよう。この時代、すなわち十九世紀を特徴づけるのは、自他の境界があいまいになったことで成立する群衆である、と。

だからこそ、十九世紀から二十世紀初頭、社会学から精神分析に至るまでさまざまなものの本では、人間には「群居本能」があると教えていた。ひとはひとと共に在ることを本能的に欲する生き物であり、そこに特別な意味を見いだす生き物であると。いちばん近くまで見積もっても、すくなくともマキャヴェッリに遡り、スピノザを経て、ガブリエル・タルドやギュスターブ・ルボンからフロイトそしてヴィルヘルム・ライヒにいたる研究の伝統のなかでは、人びとは共にあることによって、ただの個々人の集合にとどまらない、特別な心のあり方を生み出すのだ、ということが論じられていた。たとえば孤独相では平和に田んぼをぴょんぴょんと飛び跳ねているバッタが、群生相に変化したとたん、その体型、体色を変え、巨大な群れをなして長距離飛行をし、緑を食い尽くしていくように（そういえば、ラカンが鏡像段階を思いついたときの傍証のひとつはバッタの相変化だった）[2]。そのコントロールに時の為政者はひどく苦労した。たとえば、十九世紀を彩る大規模な都市計画は、こうした突如出現した奔流のような群衆をどう処理するかを一つのテーマとしていたと考えることもできる。ベンヤミンの描くアーケード、ショーウィンドウ、遊歩道は、そのままその奔流を統御するための遊水池だったのである。

大きくいえば「群衆心理」とよばれるそのあり方は、もちろんけっしていい意味でばかりとらえられたわけではない。むしろ否定的といっていい悪口がそこにはならんでいる。群衆を形成する個々人の心は、群衆の心というひとつの心に同化してしまい、そこで支配的なメンタリティは、ばい菌のように破壊的で、盲目的で、無意識に支配され、理性がなく感情的で、などなど、酷評が続く研究がほとんどだ。

こうした「相変化」のような考え方は、人間というものをどのように考えるかに直接に由来する。それは、こんにちのいくつかのスピノザ研究が明らかにしたように、ホッブズとスピノザという、近代の政治的人間像を最初に提示した二人の人間の対立にまでさかのぼることができる、とも言える。ごく簡単に言えば、その違いはこういうことになる。ホッブズといえば、あの「万人は万人にとって狼である」ということばで有名であるが、そのことばの基礎には、人間はまず個として自律しているものであり、そしてまた、他者との協調がなくても個として存在していけるが、自然の物資は限られているのでその取り合いはどうしても起こってしまうのだ、という前提が存在している。他方、スピノザは人間は自然の中では絶望的に無力であるので、人間はまず人と一緒にいることから始まるのだとした。もちろん、スピノザが個人の個性を否定したなどということはないのだが、それは集団が最も効率的な協調態勢を創り出すことで、個々人から最大限の実力を引き出せる、という流れで考えられていて、個人が集団にはいることによって多くのことを犠牲にし妥協しなければいけないというホッブズの考え方とは、はっきりと異なっている。

2 Jacques Lacan, *Écrits*, Paris, Seuil, 1966, p.191.

こうした考えの基礎に、たとえばスピノザがルネサンス哲学から受け継いだ遺産があるとしたらどうだろう。そこでは、たとえばピコ・デッラ・ミランドラ[3]に見られるように、人間は「中間の本性 natura media」を、すなわちメディアとしての本性を持つものとされていた。とはいえ、これはまだ今で言うマスメディアとしてのメディアではない。万物は神におのおのに固有の居場所を与えてもらっている。しかし人間は別だ。人間は自然の中では居場所を持たない生き物である。だが、それだけに逆に自然の中のあらゆるものを、精神的なものと物質的なものをつなぎ、一つの世界とすることに貢献できる生き物である、というのがその考えの意味だ。だから人間には、そのおのおのの特殊性を越えた普遍性として、そのようなメディア＝媒介的な力がある。だが、それらが実際にその普遍性を展開し、ネットワークを形成していくときには、それぞれのおかれた状況の特殊性にしたがってその力は発揮されるわけであるし、だからこそ、その一瞬一瞬の偶発的な特殊性の中に個性が出現する。つまり、個というのはあらかじめ独立して存在しているわけではなく、ネットワークに接続することで初めて発揮される特殊性として出現するということだ。ルネサンスは、一方では近代科学・近代的人間のすべての萌芽となり、他方で魔術やオカルトを隆盛させた矛盾した時代だが、その二つを共々に養ったのが、こうした思想背景だったのである。

イタリアの哲学者アントニオ・ネグリが「野生の異形」[4]で言うように、スピノザの思想は近代資本主義が最初に勃興した大航海時代のオランダを抜きにしては考えられないし、前節の催眠の流行は、もちろん産業革命以降の資本主義の時代と大きく重なる。やや屋上屋を架すような推論ではあるが、まずはこのように考えてみよう。これらの時代を、社会的ネットワークの増大によって、人間がメディアになる時代、と定式化してみよう。メディアの発達は人間そのものを広い意味でのメディアにすることもある、と。では、現代はどうなのか。

2.……………相変化の否定

時代は下って二十一世紀。この時代に、共に人と在ること、それはどういうことなのだろうか。

3 ジョヴァンニ・ピコ・デッラ・ミランドラ『人間の尊厳について』大出哲・阿部包・伊藤博明訳、国文社、一九八五。
4 Antonio Negri, *L'anomalie sauvage : puissance et pouvoir chez Spinoza*, traduit de l'italien par Francois Matheron, Presses universitaires de France, Paris, 1982.

こう書くだけで、それだけですでにどこか気恥ずかしい、いかにも時代遅れの雰囲気がただよってくるようにも思われないだろうか？　なにぶんにも、かの聡明にして辣腕なるサッチャー女史が「社会は存在しない」と宣告を下してからはや二十年、人と一緒にいることに特別な意味を見いだすということは、おそろしく古くさいヒューマニズムか、あるいは甘えたノスタルジーの名残にしか思われなくてもしかたがないかもしれない。

そう、十九世紀の社会学が想定していたような、まるで感染にも似た「模倣」に支配される群衆の時代や、あるいは精神分析の一分派のように、集合的な無意識を仮定できる時代は終わった。いまや「自由で自律的な、そして理性を持った個人が自発的かつ合意に基づいて行うコミュニケーション」それがこんにちの人の交わりのあるべきかたちである。そこでは、人間がひとと共にあるということはたいした意味を持たない。グローバリゼーションの時代では、そのみかけ上のナショナリズムの高揚にもかかわらず、その背後では、国家でさえ自分たちがそこに生まれそこに還りそこに帰属するという枠組みではなくなってしまっている。とはいっても、べつに市民社会とか、あるいは世界市民というはなしをしたいわけではない。国家はたんに必要なサービスを対価に見合った分だけ提供してくれるものにすぎないと考える、ある種のアナーキズムが厳としてその姿をあらわしはじめているというだけだ。こうして、さまざまな社会集団もまた、みずからの判断と責任により参加したり脱退したりすることが許される、自由な帰属集団となる。

もちろん、そうした交わり自体にはなんら非難されるいわれはない。ネットワーク技術とコミュニケーション・メディアの発達は、こうした自律的個人の自発的な交わりの連携性、密度、速度を飛躍的に高めた。とりわけ携帯性の高い電子メディアを駆使して情報を入手し、そして互いの連絡を取りながら行動する集団、スマート・モブスといわれるこうした新たな集団行動の形態は、今後も大きなテーマの一つだろう。また、ネットワークに支えられた個人が互いに持ち寄り取り交わされる情報が、群衆知あるいは集合知といわれる新たな知の形態を開くのではないかという希望も聞かれる。じっさい、こうした視点に立つ人びとの一部からは、リナックスやウィキペディアの成功は、なにやら新たな時代の福音的成果のように受け止められている。

こうしたことを考えると、むしろある意味ではわれわれは、ルボンの言い回しを借りれば新しい「群衆の時代」に入ったのではないか、そう考えることもできそうな勢いである。

もちろん、ときに偽善への嫌悪感、ときに義憤という大義名分を借りて、悪意やルサンチマンさえ感じさせる過剰な攻撃性を発揮する匿名の群衆もそこにいることは、よく知られたとおりである。けれども、使われている道具立ての見た目の新しさとは裏腹に、その群衆の動きを形容することばや反応は、ものの見事に十九世紀の群衆論そのままだ。だから、こうしたあいまいで漠然としていて、なにもかもを一緒くたにしてしまうような「群衆心理」などという言葉や、相変化のような妙な応用的説明に頼らず、その群衆を構成しているメンバーのもろもろの属性、特徴や、置かれた状況の分析などを通じて、そうした要素がグループのダイナミクスに与える影響を明確にしていく方向に進むほうが、より学問的な研究ではないかという考え方も、確かに一理あるだろう。

3. ……………コミユニケーションの条件

だが、いずれにせよそこで前提とされているのは、ハイデッガーなら「カプセル」と呼ぶような確固とした独立した個人であり、スピノザなら「国家の中の国家」と呼ぶような個人だ。

そしてこの個人は、基本的には孤独であり、お互いに敵対的でほんとうは共存不可能なほどなのだが、そこまでエゴイズムを貫くこともできないという理性的な計算と打算にもとづいて、妥協して生きていくことになっている。ホッブズの「万人の万人に対する戦い」は、いま近年になかったほどリアルなものと感じられるようになり、新ホッブズ主義という言葉も生まれているほどである。だが、もしかすると、群衆ということばがあいまいであるのと同じくらい、こうした個を設定することもあいまいなもの、あるいは錯覚とまではいわないまでも、ある種の形而上学的設定とはいえないだろうか。

さて、ひとまずそうした形而上学を受け容れてみるとして、その次は、こうしたいわばきっちりと外枠の固まった個人どうしの情報のやり取りがどういうものになるか、考えてみよう。そうすると、まず大事なのはなによりも、すべてはきっちりと情報化し、コミュニケーションの径路に乗せることができる、ということになるだろう。

この言い方はちょっとわかりにくかったかも知れない。たとえば、あなたが街中でなにか面白いものを見たとしよう。するとまず大事なのは、あなた自身が「自分はなにかを見た」ということをしっかり把握していることだ。そして、それをたとえば携帯電話に附属のデジタルカメラで撮影したとする。そのときには、やはりそこに映っているものが最初に自分が把握した「なにか」であるとわかっていなくてはならない。さらに、それを友達に電子メールで送ったとしたら、それが友達の携帯端末でもきちんと閲覧可能であるとわかっていなくてはいけない。だが最後に、そしていちばん大事なのは、自分が知っている何かが、何かによって代理可能で、その代理物を介して自分の知っている何かを相手に伝えることができる、という信念だ。一般には、こういう代理物がメディアと呼ばれている。

もちろん、この「代理可能」という部分にはいろいろと難しい点もある。たとえば、電話なら声しか届かない。メールなら文字しか伝わらない。こうして、次第にニュアンスが欠けていくと、どんどんと代理物はいい加減になっていく。つまり、自分の発した情報を、自分が意図した代理物に代理させて、相手に受けわたすつもりだったはずなのに、相手は違うものを受け取ってしまう可能性もあるということだ。

だが、そんなことはたいした問題ではない。なんといっても、技術革新はめざましい。視覚情報、聴覚情報、そしてそれらを伝送するネットワークの技術は飛躍的に革新し続けている。もちろん、今の段階では山のように不備があることは誰もが知っていることだが、しかしその不備をしだいしだいに埋めていくことができるのではないか、という展望をもってもおかしくはないだろう。嗅覚、触覚に関しても、伝達技術の研究は進んでいる。つまるところ、情報化社会というのは、こうした代理可能性を信じる社会でもあるわけだ。もちろん、その究極の形といえば、それはSFが示してくれているように、人間の物質的情報をスキャンして、別の場所に転送して再構成する、というような発想ということになるだろう。

4.……………十九世紀のコミュニケーションの夢

それに対する批判というのは、簡単なようで簡単ではない。

確かに、すぐにでも思いつく反論はいくらもある。たとえば、いや言葉では伝わりにくいなにかがあるではないか、とか、あるいはメディアには乗りにくい、その場を共有していなければわかりにくい、場の雰囲気や空気というものがあるではないか、といったものがそれだ。少々軽口を叩いて良ければ、先ほどのSF的発想のたとえで言うと、肉体は転送できたが魂は転送し損なうかもしれない、といったところだろうか。

だが、いくつかの研究では、たとえば非言語 non verbal な情報伝達など、こうした「メディア化」されたコミュニケーションから抜け落ちがちな要素を探り当てる研究が進められている。いずれ認知科学的な研究が精密さを増し、さらにグループ内のひとびとの間の相互のやり取りが社会ネットワーク分析的な研究の進展によって、よりクリアに明らかにされる日が来れば、すべてはなにかによって代理されて伝達可能なものである、というわれわれの信念に沿ったかたちで多くの事柄が明らかになっていくかもしれない。

だから、もしわれわれが言語と非言語、直接的とメディア媒介的といった二項対立でものを考えていこうとするのであれば、それらは結局、研究の精密化によって、こうした「代理可能」という枠組みの中に吸収されていくことになるのではないか、と考えられるのである。

そうそう、そんな批判は無駄なのだ、だいたい、前の節で描かれたようなコミュニケーションの図式というのはあまりにも当たり前で、そもそもそれ以外のかたちなどありうるのだろうか？　という声も聞こえてきそうである。

そこで、対比のためにもう一度話を十九世紀に戻してみよう。ここでご登場いただくのは、フランスの詩人、ステファヌ・マラルメである。

一八六六年からその数年後まで書かれたマラルメのいくつかの書簡は、じつに奇妙な想念をつづっている。[5]「わたしは完全に死んだ」などと言い出すのである。もちろん、本当に生物学的に死んでしまったというわけではない。マラルメはもう自分は個人としての自分ではなく、なにか非人称的なものになってしまった、と述べているのだ。ではマラルメはどうなってしまったのか。彼のことばによれば「かつて私であったものを通じて、自らを眺め自らを展開する、精神の宇宙がもつ一つの性向」となったのである。つまり、マラルメは自分のなかに、なにか「精神の宇宙」としか言いようのないものが、勝手に展開していることに気がついたのである。そして、自分といわれるものは、その展開の中でたまたまその精神が自らを眺め、そして自らを思考したところに成立しているに過ぎないものになる。この言い方もやや不正確で、もっと言ってしまえば精神の宇宙というものを一つの織物にたとえると、たまたま折り目ができて襞になった部分、そのように自らが白らに触れてしまった部分をわたしとたとえているのだ。その宇宙とは、詩人にとっては言語の宇宙、言語のネットワークの全体といってよいものだろう。

ここではだから、情報というのは主体がなにか外にあるものを自らの知性を用いて概念化し

5　ステファヌ・マラルメ「マラルメ全集4：書簡1（一八六二―一八八五年）」阿部良雄ほか訳、筑摩書房、一九八九。

て把握し、そしてその概念をおなじく外部にいる他者に伝達する、というものではなくなっている。哲学者であり哲学史家でもあったエルンスト・カッシーラーは、そういえばちょうどマラルメの書簡と同じ頃に発見された初期のスピノザの草稿集を解釈して、こう述べていたことがある。「われわれがある事柄についてなにごとかを肯定したり否定したりするのではなく、むしろ事柄そのもののほうが、われわれのなかでおのれについてなにごとかを肯定したり否定したりするのである。意識は、外からもたらされる結果を受け取るだけである。[6]」これはマラルメの描く宇宙に非常に近く、両者がルネサンス哲学にその淵源を持っていることの一つの証しでもあるかもしれない。

そんな古くさい詩人の妄想や哲学者のたわごとを聞かされても、と思われるかもしれないが、しかしこんにちのネットワーク化した社会は、ある意味でそこに奇妙な類似性を見せてはいないだろうか。また章を改めてこの問題は改めて論じるが、さしあたりひとつ想像してみてほしい。こんにちでは、自分の書いたものから人とのやり取り、聴いた音楽映像からなにからすべてがコンピュータによって仲介され保存される、ということは十分に可能だ。だからマイクロソフトの"My life bits"[7]をちょっともじって、毎日自分の見聞きしたものすべてにいたるまで、コンピュータ上に保存されるのだと仮定してみよう。そしてその内容がネットワーク上で公開され共有されるとしよう。もちろん、それだけではなく、優秀なアプリケーションが、自分のローカルマシンの内容と関連性の高いと思われる他のマシン上の情報を収拾していてくれ、自分の人生に必要であり関心のある情報をナビゲートしてくれることになるだろう。そのとき、われわれの「意識」は、カッシーラー描くところのスピノザに、そしてマラルメに、ちょっと似てこないだろうか。

5.……………コミュニケーションの二つの層

だとすれば、そもそも問題の前提となっている、代理可能性というものを、そしてそれを支える、どこまでも自律した、閉じた個人が発する情報のやり取りによるコミュニケーション、という考え方を疑ってみることは、こんにちあるいはそれから先の社会を考える上で、なにか

6 エルンスト・カッシーラー『認識問題―近代の哲学と科学における2-1』須田朗、宮武昭・村岡晋一訳、みすず書房、一九九六、六八頁。

7 http://research.microsoft.com/research/barc/MediaPresence/MyLifeBits.aspx

いいことがあるかもしれない、と発想を切り替えてみよう。そして、それはなにも特別なことではなく、二つのコミュニケーションのスタイルは、いつでも並存していたのであって、時代や状況に応じて、どちらかが（たいていの場合代理可能なコミュニケーションの方だが）優位に現れるのだ、としてみたらどうだろう。

たとえば、新宮一成がその著書『ラカンの精神分析』[8]冒頭で報告している「マグロの夢」の症例を見よう。

この症例で、新宮はある女性の治療にあたっていた。その治療期間中、新宮はある学会に出席する。しかし学会後の懇親会で、新宮は待望のマグロの寿司を食べ損ねてしまう。この哀しい出会いそこねの記憶を胸に、あくる日女性と病棟で出会った新宮は、女性にこう報告される。

「ゆうべの夢の中で、マグロのお寿司をおなか一杯、食べました。」

いささか無味乾燥な専門用語に置き換えれば、それは、分析家の果たされなかった願望を患者が代わりに夢に見た、ということになろうか。しかし、精神分析においては、こうした現象は非常にしばしば見られる。たとえば、フロイトの『夢とテレパシー』や『精神分析とテレパシー』などといった論考にはそうした報告があって、それらは本書第Ⅱ章で再検討される。また、ユングにいたってはそれを更に拡大して「シンクロニシティ」という概念を提唱することになる。ラカンもまたセミネール第二巻第七章や、セミネール第二一巻の第二回講義などで考察を展開している。どちらかというと細々と続けられてきたこうした諸研究の伝統を、いささかなりと現代的に本書第Ⅴ章とⅥ章で展開してみたい。

もちろん、それはどこかで非科学的なオカルト的思考が混入してきたがゆえの結果なのではないのか、と疑うむきもあるだろう。ただし断っておかねばならないのは、これは見つけた当人たちもえらく困ってしまう話であったという点である。フロイトやラカンはもちろん、現在ではどうにもオカルトのバックボーンと見られがちなユングでさえ、基本的には厳格な科学教育を受けて育っているのである。だれも好きこのんでそういう話をしたいものはいないのだ。

強いて言えば、一つの考え方として、そこにはミシェル・フーコーが指摘するような、真理に対する二つの考え方が反映している、と想定してみてもいいかもしれない。近代科学の原則のひとつは、検証可能性である。ロジャー・ベイコンは実験によって「自然を拷問に掛ける」と語ったそうだが、ふさわしい手順で拷問すればいつでも誰がやっても同じ自白を引き出せて

8　新宮一成『ラカンの精神分析』講談社学術新書、一九九五。

こその真理である。こうした真理を「発見され、検証され、構成され、証明される真理」とするなら、もう一方の系列には、「到来するものの次元に属する真理、発見という形で示されるのではなく、出来事という形で示される」真理がある。「測定器具の媒介によって示されるのではなく、儀式によって誘発され、狡知によって捉えられ、機会に応じて把握される真理」が。[9]

だがここで考えてみたいのは、このような真理についての難しそうな理論ではない。むしろ、閉ざされた内側にたくさんの想念を抱え込み、それを外的な表象に託して発信し、コミュニケートする、というモデルのほうを疑うことだ。ここではマラルメを念頭に置きながら、第一に、人間をよろずの情報の集合体であり、それ自体は明確な境界を持たずに、回りの情報とネットワークで結ばれている、と考えよう。言ってみれば、すべてを情報という海の中に還元してしまうのだ。だからといってもちろん個人が存在しない、などというつもりではない。そこで第二に、その情報のなかでとびきり安定した関係性を保っていられるものを個体と見なすことにしよう。そう考えると、意識と呼ばれるものは、この関係の安定性、つまりある情報がある情報についての情報をつねにループさせせる、哲学の用語で言えば自己言及をさせておくことで、その部分の情報が安定した構造を持つようにさせているもの、と考えることができる。こちらを意識とおくならば、では前者の情報の海の方は、とりあえず記憶と呼んでおこう。したがって、意識と呼ばれるものは、記憶と呼ばれるところでやり取りされている情報の、ほんの上澄みの部分をモニタリングしているに過ぎないことになる。

ちょっと待ってほしい、これがなぜ記憶と呼ばれるというのだ？　と思われる方も多いかもしれない。そこで、そうした近代人特有の逡巡をよそに、もっとおおらかにこうした現象を肯定していた時代も存在することを紹介したい。

たとえば、日本の中世史文献に現れる「夢現象」を考察した酒井のきわめてユニークな著書を参照しよう。[10]この議論は、酒井が本書第I章と第IV章で改めて展開することになるが、いまは簡単にそのなかで報告された当時の夢に対する考え方のひとつ、「夢は誰が見ても良い」という指摘を取り上げておこう。

現代では夢はきわめて私秘的な個人の生理現象、あるいは欲望の具現として見られることが

9　ミシェル・フーコー『精神医学の権力　コレージュ・ド・フランス講義　一九七三–七四年度　ミシェル・フーコー講義集成』慎改康之訳、筑摩書房、二〇〇六、二九四頁。

10　酒井紀美『夢語り・夢解きの中世』朝日選書、二〇〇一、および『夢から探る中世』角川書店、二〇〇五、二九四頁。

多いのにたいし、酒井のあげる資料から窺える中世日本人の考え方の中では、まるで万人に共通のアルヒーフに対してアクセスをした結果でもあるかのように、夢が個人へ到来してくる様が生き生きと描かれている。この論理があるからこそ、夢は他人に依頼して見てもらっても良いものであったし、また売買の対象でさえあった。あるいは、時には「郵便的不安」よろしく、よそ様に誤配されるものでもあったし、そんなときには「ブッシュマン」よろしく、律儀にも誤配された夢の受取人を捜しに行くこともあったのである。

こうした考えが特異なものではないことを理解していただくために、歴史家のジャック・ル・ゴフの語る古代ギリシアの記憶のモデルを援用しよう。

「ムネモシュネ［記憶の女神］の川辺に行けば、今あるもの、過去にあったもの、そして未来にあるものについて彼女が歌うのを聞くことができる。彼女の水を飲むことによって弁舌家は、時の流れに連れて忘却のかなたへと落ちてしまった集団全体の記憶を再び集めるのである。どんな記憶も集団的なものであった。それは、一杯のムネモシュネの水が無限の水滴からなるのと同じである[11]。」

ここには、過去のすべてが、いまそこにすべてであり、そして、それが共有される財産であることは疑われていない。そして、このような記憶の集団性を前提としていなければ、そもそも酒井があげたような「誰が見ても良い」という夢の性格の解釈は理解できない。これを「アルヒーフとしてのムネモシュネの実在」を前提として語ることもできないが、他方でわれわれの語らいという実践のレベルでは、参照されるべきものとして水平線上に仮定される。

そうしたわけで、コミュニケーションに二つの層を仮定してみることには意味があるようにおもわれる。仮にそれをモデル化してみるとすると、それはおそらく以下のようになるだろう。すなわち、

第一層：通常のマスメディア、あるいはメディアに載る（ないし『代理される』）ことも可能な通常のコミュニケーション

第二層：無意識的感染による「無意識的コミュニケーション」

この二つの層である。

11　ジャック・ル・ゴフ『歴史と記憶』立川孝一訳、法政大学出版局、一九九九。

さしあたり、第二層、無意識的コミュニケーションの層に関しては、酒井の物語る日本中世の夢の逸話を最大限尊重すれば、われわれ個々人の記憶や意識という領界の設定がまったく役に立たない、ということを第一に前提としなければならない。そして、新宮の患者の夢の逸話を最大限尊重して、そうした夢の表象たちは、夢を見るわれわれの意識をまったくよそにして、勝手に活動しており、互いに作用しあい、訪問し合っているものだと考えてしまおう。それはちょうど、マラルメが指摘する宇宙のようなものだ。他方第一層には、その戯れを眺めるわれわれの意識、さきほどの言い方をもちいれば、カプセル状の自我があって、この自我同士は第一層の、メディアに媒介された、「代理可能」な情報をコミュニケートし合う。水平線上に仮定されたこの第二層のコミュニケーションは、われわれが中世のひそみにならって本書第Ⅶ章で夢を語りあうとき、ほのかにでも見えてくるだろうか。

上述のような背景を念頭にいれると、こう考えることができる。このような「無意識的コミュニケーション」は、日本の中世においてはより普遍的、一般的なかたちで出現しており、それゆえにある社会的制度や社会的・宗教的思想のなかに組み込まれ、その位置を確立していた。しかるに現代では、精神分析の理論が日常生活の中にそうした現象として分析されうるものがあることを提示し、また臨床活動において「転移」と呼ばれる空間の中で、いわば試験管的なかたちで、純粋なそのモデルを人工的に現出させているだけである、と。

これらを踏まえてまとめると、提示されるべき仮説は、「コミュニケーションの第一層と第二層はいつの世も人間のコミュニケーションには欠かさず存在しており、そしてそれぞれの社会において、あるいはその歴史的変化に応じて、それぞれ異なった位置を与えられている」ということになるだろう。

このように考えることで、われわれは、十九世紀にいっときクローズアップされた、群衆のもつ特異性をそんなに簡単に消し去ってよいものだろうか、という懸念を解消することができる。たしかに、あの妙にひとつの意志を持って動いているかのようにも思われ、その中では個々人の個性や性格の違いは消え去ってしまい、まるでひとつの巨大な無意識に支配されたかのように見える、つまり第二層のコミュニケーションを行う群衆というのは、時代の錯覚で、その中身を仔細に見れば、個々人が明確に主体的な意志をもって、つまり第一層のコミュニケーションにのっとって相互作用を行った結果なのかもしれない。だが、もうひとつ違う考え方を示すこともできる。歴史の中のある一時期に、たとえば十九世紀の群衆や、あの狂気のような催眠の流行の中に、たしかにそうした群衆は出現する。しかし、そうした群衆はどういうわけか、不安定で長続きせず、やがて個々人の意図や主体性が復活し、その相互作用で成り立つ小集団が形成されると。つまり、群衆というものを支持するか、錯覚だと否定するかが対立するのは、そもそも群衆が出現したときにその内部で働いている二つの力のそれぞれの側面を見ているからなのだと。

6. ……展望

こうしたおおまかな仮説を元に、本書では、一方ではこの第二層にあたるコミュニケーションが、歴史的にどのように現れてきたかを日本中世の文献史学的検討を通じて考察する。他方、そのコミュニケーションの精緻なメカニズムの分析を精神分析的検討を通じて明らかにしていくことで、現代においてこの「コミュニケーションの伏流」とでもいうべき第二層のコミュニケーションがどのように存在しているか、さらにはその持つ意義を検討していければよいと考えている。

いずれにせよ、仮説の企図は壮大であるが道のりは遠いことは容易に想像がつく。立証できる範囲が仮説のごく一部でしかないことも、これまた容易に想像はつく。しかし、精神分析にとどまらず、精神療法の臨床現場といったミクロなレベルの実践という同時代の横軸のなかに、そして中世日本の夢にまつわる言説という歴史の縦軸のなかに、われわれがいま知っているかたちとは別のコミュニケーションのモデルがあるとしたら。そして、そのコミュニケーションをもとに形成される、われわれの知っているものとは違う集団のモデルを見いだせるとしたら。それがわれわれの時代の、「新たな群衆」をよりよく説明し、そしてまたわれわれが人と共にあることには単なる個人の集団への参加と協力にはとどまらない意義があることをわずかなりとも具体的に示すことができたとしたら、日本中世の夢と現代精神分析、そして精神療法の交差という異色の研究にも、アクチュアルな意味があったということになるだろう。

I

夢をメディアとした社会

0.……………はじめに

人は誰でも夢を見る。これは人類にとって普遍的な経験である。けれども、夢を見ることをどのようなものだと考えるか、それは時代によってそれぞれに違っている。日本の中世という時代、人々は夢を軸にして、いったいどのような関係をとり結んでいたのだろうか。夢をめぐる情報空間という視角から、この点を追いかけてみたいと思う。

1.……………夢はどこから来るのか

テレパシーのように

――今朝の明け方にあなたが見たその夢は、いったいどこから来たの？

そう問われれば、現代社会に生きているわたしたちのほとんどは、それは自分の中から、自分の心の奥深いところからやって来た、と答えるだろう。けれど、まったく同じ問いを中世の

小松茂美編『続日本の絵21 融通念仏絵巻』中央公論社、1992．14-15頁　上巻第二段8-9紙

人々に投げかければ、それは自分の外から、神仏や死者たちから、彼らのいる冥の世界から、自分たちに届けられたメッセージだと答えるに違いない。中世の人々にとって、夢は自分自身の内面世界とはなんのかかわりもないものであって、自分の外から、まるでテレパシーのように送られてくるものだった。

中世の絵巻には、そのストーリーの展開とともに「夢見の場面」が数多く登場する。その中に、雲の上にいる仏やすでに死んでしまった師匠から、まるでビームのように光が発せられ、眠っている者のもとに夢が届けられる様子を描いたものがある（『融通念仏縁起絵巻』第二段・第三段／続日本の絵巻21、中央公

小松茂美編『続日本の絵21 融通念仏絵巻』中央公論社、1992．58頁　下巻第三段13紙

論社)。ここには、中世の人々が夢に対して抱いていたイメージがよく示されている。

夢を自分の内からやって来ると考える現代人と、自分の外から送られてくるものだと考える中世人と、夢に対する認識はまったく逆なのである。この逆転現象が日本の歴史のいつの時点で起きたのか、それを厳密に確定することはむずかしい。けれども、おそらく日本の社会が前近代から近代へと移り変わっていく過程に、その画期があるのは確かであろう。今わたしたちは、夢が自分の内部から来るという考え方を自明のことのように受け容れているけれど、そのような夢認識が人々のあいだにひろく定着したのは、それほど遠いむかしのことではない。むしろ、長い日本の歴史においては、ほんのつい先ごろのこと、たかだか百年くらい前のことにすぎないのである。

明治の木

夏目漱石『夢十夜』(岩波文庫)の第六夜は、護国寺の山門で運慶が仁王を刻んでいるという評判を聞き、散歩がてらに見に行く場面からはじまる。運慶の見事な鑿さばきに感心していると、傍にいた男が「なに、あれは眉や鼻を鑿で作るんじゃない。あの通りの眉や鼻が木の中に埋まっているのを、鑿と槌の力で掘り出すまでだ。まるで土の中から石を掘り出すようなものだから、決して間違うはずはない」と断言する。そこで、それならば誰にでもできることだと思い、急に自分も仁王が彫ってみたくなって、家に帰り手頃な木を選んで勢いよく彫りはじめた。ところが、その中には仁王は見あたらない。次々と片っ端から彫ってみるが、どれも仁王を蔵してなどいない。そしてついに、「明治の木には、とうてい仁王は埋まっていないものだと悟った」という。

中世人の運慶にとって、神や仏は自分の外に確かに実在している。それは、本来の居所である冥の世界から、時には地上に降りてきて、さまざまなものに姿を変えて、あるいは木や土の中に身を隠している。運慶は、たとえそれがどんな姿かたちをしていようとも、その存在をはっきりとその目で見ることができたから、木の中からでも土の中からでも、その像を自在に彫り出すことができる。他方、「明治の木」には仁王を蔵しているものなど一つもないので、自分自身の内部に存在するイメージを、ただの木を相手にして彫りあげていかなければならない。このようにして彫りあげられた像は、その人が内面で思い描いていたイメージを具体化したものであって、まさに内からやって来たものである。

この『夢十夜』の第六夜は、現代人と中世人の夢認識の違いを対比させて考えるうえで、じつにぴったりの話ではないだろうか。

2. ………夢は誰のもの

夢みる王

さて、夢は自分の内からやって来ると考える現代人にとって、夢の所有者は誰か、などという問題は起こってこない。夢は、それを見た人のものに決まっているから、なにもことさらにそれが誰のものかという疑問など、まったく発生しようがないのである。

ところが、中世社会ではそうではない。夢を見た人は、外からテレパシーのように送られてくる夢の受信者ではあるけれど、その夢の所有者であるとは限らない。神や仏のような人間を超越した存在から発信された夢は、その内容によっては、同時代を生きているすべての人々の未来にかかわる場合があり、それゆえ、その夢の所有者は彼ら全員だということだってあり得た。

たとえば、西郷信綱氏が『古代人と夢』（平凡社選書、のち平凡社ライブラリー）で取り上げられた話に、疫病が大流行し人々がみな死に絶えてしまうような事態に陥った時、天皇は「神《かむ》牀《どこ》」に寝て夢の告げを得、やがて疫病はおさまり国家安平になったとのこと。西郷氏は、この「神牀」に注目し、「このカムドコに寝るとは、紛れもなく夢を得るための祭式的行為であった」と位置づけたうえで、日本の古代には、自然に見る夢だけでなく、日常のあり方とは違う手続き、つまり「沐浴斎戒」し物忌みして籠もることによって夢を乞う作法（インキュベーション）が存在することを明らかにされた。このように、夢を見ることによって神意を人々に伝達できること、神と交渉できること、これが古代の王権の重要な要素であり、そこでは王は特権的な夢見る者であった。

ところで、この夢は誰のものだろうか。「神牀」に寝て夢を見た天皇のものだろうか。この時、夢の告げを得た天皇は、すぐに早馬の使いを四方に走らせて、夢に出てきた神が名指しした問題解決のカギを握る人物の所在を尋ねさせ、多くの人々の協力によってその人物を捜しあてることに成功した。疫病の蔓延は、当時生きていたすべての人の生死にかかわる重大事であったから、夢の告げを実現することは彼らにとっても共通の緊急課題であった。そう考えれば、この夢は、この問題にかかわりのある人々すべてのものといえるのではないだろうか。もちろん、その中で、これほどの重大な夢を受信できる王という存在は、他にくらべようもないほど大きいものではあったけれど。

夢殿の聖徳太子

聖徳太子にとっては、あの八角形のお堂（「夢殿」）が、この「神牀」にあたるものだった。平安時代に作られた説話集『今昔物語集』（日本古典文学大系）には、

太子、斑鳩の宮の寝殿の傍らに屋を造りて夢殿と名付けて、一日に三度沐浴して入り給う。明くる朝に出で給いて、閻浮提《えんぶだい》の善悪の事を語り給う。

とある。聖徳太子は沐浴して夢殿に入った。そして、夜が明けると夢殿から出てきて、閻浮提（＝人間の住む世界）でこれから起きる善いことも悪いこともすべて語って聞かせたという。彼が夢殿での夜籠もりで得た夢のメッセージは、人間界で起こる未来のできごとを示すもので

あったから、それにかかわる誰にも彼にもその話を聞かせておく必要があったからである。ここでも、夢殿に籠もって夢を見たのは聖徳太子だけれど、その夢は当時のすべての人のものだったことになる。

古代の夢は、このように語られることによって、同時代に生きるすべての者の夢となった。平安時代半ば以後、中世という時代になってもその点は変わらない。現代のわたしたちが、夢は自分自身の内面に深くかかわってはいるけれど他者にはなんらかかわりがないと考えて夢をほとんど語らないのとちがって、中世の人々はじつによく夢語りをした。人に語らず自分の中で夢の輪を閉じてしまうと、よほど強烈な印象の夢でもないかぎり、いつのまにか忘れてしまうものである。今日の夢の多くは、このようにして忘却のかなたに消えてしまう。けれども、人に語られた夢は、それを聞いた人々のあいだに共有され、さまざまな社会的影響力を発揮する。

夢の民主化

藤原資房の日記（『春記』／増補史料大成）の永承七年（一〇五二）五月六日の記事によると、

つい最近、京都西京の住人の夢に疫神があらわれ、「自分が今いるところを示すから、そこに祭ってくれ。そうすれば、あちこち流れ歩く必要もなくなるのだが」と語った。疫神が動きまわると疫病がひろがって人々のあいだに大きな被害を生む。これは一刻も早く疫神のいうことをみんなに知らせて祭ることにしなければならない。そう考えたこの住人は、目覚めるとすぐ自分の見た夢を郷里の人々にひろく告げ知らせた。これを伝え聞いた京の人々はこぞって集まり、疫神のいる光り輝く場所に社屋を立て、諸府の役人たちは祭礼を催し、「郷里の郷党、雲集して饗応」した。こうして疫病の流行が未然に防がれ、人々の生活は守られた。

古代の「夢見る王」とちがって、中世では、このような大切な夢のメッセージを受信したのが西京の住人と伝えられるだけで、いったいどこの誰なのかわからないことが多い。とりたてて特別な存在というわけでもない、まったくただの人がこのように重要な情報を受信する主体となっている。これが古代とはちがう中世独自のあり方だった。

仁安元年(一一六六)、仁和寺あたりに住む女の夢に賀茂の神があらわれた。「天下の政《まつりごと》が不法だから、自分は日本国を捨てて他所に行くつもりだ」と神は告げた。『百錬抄』(新訂増補国史大系)では、この女は二度にわたって同じ夢を見たので、これを聞いた賀茂社司たちが天皇と摂政のところに届け出たとあり、『古今著聞集』（日本古典文学大系）によれば、賀茂社の神官も同じ夢を見た（二人同夢）ので、朝廷では陰陽師に占わせたところ「実夢」という結果が出たとのことであった。ここでも、賀茂大明神が日本国を捨てるなどという重大なメッセージを夢で受信したのが仁和寺あたりに住む女で、しかも朝廷でこの夢を名だたる陰陽師に占わせてみると、これは「実夢」であることがわかったという。

古代のように王や聖なる存在が夢を見る特権者だった時代とちがって、中世では誰もが夢を見ることができた。それも、疫神や賀茂大明神のような絶大な力をもつものからのメッセージが、ただの西京の住人や仁和寺あたりの女の夢として受信される。夢を見ることが特権的な王によって独占されていた古代からみれば、「夢の民主化」とでもいえそうな現象が、中世では起きている。

参籠通夜

それとともに、王にとっての「神牀」、聖徳太子にとっての「夢殿」にあたるような、夜籠もりするための「聖所」が各所に数多く生み出されてくる。自然に寝ているうちに夢を見るという受動的なものではなく、人々は自ら「わたしは夢のメッセージを得たいのだ」という意志を積極的に表明するため、「聖所」に足を運び、参籠し、幾日も幾晩もそこにとどまって夢の到来を待った。中世の夢の物語に出てくるだけでも、京都の清水寺、六角堂、地蔵堂、北野、八幡、稲荷、比叡山根本中堂、大宮、新羅大明神、石山寺、大和の東大寺、興福寺、春日社、長谷寺、金峰山、さらには箕面の滝、聖徳太子廟、住吉社、粉河寺、熊野、伊勢、熱田社、江ノ島、伯耆の大山などなど、数え上げればきりがないほど多くの「聖所」が夢の受信場所として登場している。

しかも、その「聖所」そのものの構造が中世には大きく変化してくる。古代の仏堂は、文字

小松茂美編『日本の絵巻16 石山寺縁起』中央公論社、1988．16頁　巻二３紙

通り仏のためのお堂で、そこは仏のための空間であった。ところが、中世の仏堂は、内陣《ないじん》（仏のいる空間＝仏像が安置されている）・外陣《げじん》（礼堂《らいどう》ともいい、人が祈るための空間）・局《つぼね》（区画された小部屋）・後《うし》戸《ろど》（後戸の神がいるとされる異質な空間）という四つの空間が集まって一体の建物を構成していた（山岸常人『中世寺院社会と仏堂』塙書房）。中世的仏堂では、仏の前面の空間が拡大されて人々が参籠通夜するための外陣（礼堂）が生み出され、さらに側面には小部屋（局）が設けられて、夢を乞うために仏の前にやって来た人々のための空間が、仏堂そのものの内

小松茂美編『日本の絵巻16 石山寺縁起』中央公論社、1988．56頁　巻四35紙

部に準備されてくるのである。ここで、中世の多くの人々は「参籠通夜」した。一晩、あるいは三日三晩、七日七夜、さらには二七日（7×2つまり一四日間）、三七日（二一日間）といった具合に、長い期間にわたって礼堂で祈り続けていると、祈り疲れて、ふと眠ってしまう時がある。夢がおとずれるのは、まさにそういう瞬間である。

これらの「聖所」は、夢の告げを求めてやって来たすべての人に開かれていた。たとえ、局にいる者からは「蓑虫のような」（枕草子／日本古典文学大系）と思われようとも、その場には貴賤をとわずすべての人が入ることができた。それが叶わぬ場合も、仏堂の床下で参籠することができた。仏の前の空間は、日常の社会の身分を越えた開かれた空間であった。そこは、いうならば、冥の世界に確かに存在すると中世の人々に信じられていた情報空間、すなわち「夢のデータボックス」にアクセスするための場であって、中世の「夢の民主化」現象は、このような「聖所」のすそ野のひろがりに支えられて大きく拡大し展開していく。

代わりに夢を

『石山寺縁起絵巻』には、夢を求めてやって来た人々が「参籠通夜」している様子が画かれている。一心に祈る人、疲れ果てて眠る人、そこにいる女も男も、これまでの人生で互いになにか接点を持った者たちというわけではなく、たまたま思い立ってこの場に来あわせ、同じ空間で時を過ごすようになっただけのことである。

『蜻蛉日記』(日本古典文学大系)には、筆者が石山寺に詣でた時、礼堂で夜な夜な尊げにお経を唱える僧がいて、しかも「自分は去年から山籠もりして、穀絶ちをしています」などと言うものだから、京に帰る時、自分に替わって祈りつづけて夢の告げを得てはもらえないか言い置いたという話がある。夢のデータボックスにアクセスするには、去年から山籠もりして穀絶ちを続けているこのような僧の方が適任かもしれない。そう思って彼女は、自分はこのたびの参籠で夢を得られなかったけれども、代わって夢を得てもらえるならば、どんなにうれしいことかと、この僧に依頼したのである。『更級日記』（日本古典文学大系）にも、娘の行く末を案じた母が、自らは参籠できないので、代わりに僧を長谷寺に送り出す場面がある。代わりに夢を見てもらうのに、母はわざわざ鋳させた鏡を僧に持たせて、三日というあいだ参籠通夜して夢を得てくるように頼んだ。そのあいだは、娘自身にも身を慎ませた。僧は、持参していった鏡に悲嘆にくれる娘の姿と、幸せに満ちあふれた娘の姿の両方がうつし出される夢を見たと報告した。しかし母の思いとは裏腹に、娘の方はそんな夢語りにまったく何も興味をおぼえなかった。

『曽我物語』（日本古典文学大系）にも、代わって夢を見る話がある。安達盛長は、主君頼朝のために宿直した夜、頼朝が左足で外が浜を右足で鬼界島を踏んでいる夢を見た。目覚めるとすぐに盛長は、「君の御ために、めでたき御示現を蒙りて候」と意気揚々と報告した。これを聞いていた別の家来が、この夢は、今は流人の身の上の頼朝が将来は「秋津洲のこりなく従えさせ給うべき」夢だと「夢解き」をしてみせたという。

傍らの人へ

「参籠通夜」の場面では、これまで見ず知らずだった人々が隣り合わせになるのが常であった。彼らは、自分のすぐ傍らにいる人がいったい何を祈り、何に悩み、どのような夢のメッセージを得たいと望んでいるのか、お互いに知らないまま幾晩も神仏の前で共に過ごすことになる。そんな中で、このようなこともあった。

都に子供のいない夫婦がいて、一人の女の子を幼い頃から養育してきた。ところが、ようやく成人した養女に対して、あろうことか養父が心をかけて懇ろになってしまった。これを深く嫉妬した養母は石清水八幡神の前に参って、この養女を神が召し取ってくれるようにと懇願した。呪詛したのである。

その夜、女の傍らで参籠通夜していた一人の僧が夢を見る。それは、たいそう不思議な夢だった。まず、八幡神が竹内大明神を召して、「この女房があまりに嘆くものだから、よきように計らってやれ」と言う。竹内は「この女人の望みどおりに願いを叶えてやったのでは、その罪により彼女は地獄に堕ちてしまうでしょうから、ここは中柱（＝大黒柱）を絶ってしまうことに致しましょう」と答え、貴布祢神を呼び出した。貴布祢と思われる白髪の老翁は、竹内の命を受けるとただちに北門に出て、北に向かって鏑矢を放った。その鏑矢の音が、とてつもなく大きかったので、夢を見ていた僧は大汗をかき心臓はドキドキという状態で目を覚ました。

これが自分に届けられた夢のメッセージだとすると、一から十まで腑に落ちないことばかりだ。困惑した僧は、傍らの女に問いかけた。「あなたは、いったいどのようなことを神に祈っておいでなのですか？」と。そして、自分が見た不思議な夢を語り始めた。それを聞いていた女は、急に何も言わずに東門の方に走り出した。それが、自分の夢だとわかったからである。しかし、時すでに遅し。京から使いの者が馳せてきて、「今夜にわかに殿のうなじに腫れものができ、医師に診せましたが療治も叶いがたしと申されました」と告げた。急いで家にもどると、夫はすでに死んでいた。自分の命があと三日と宣告されて一心に念仏を唱え臨終をむかえたという。年久しく連れ添った夫がこのように命を落とすに至ったのは、ひとえに自らが嫉妬心を押さえきれず、八幡の神に娘の呪詛などをしたためだ。自分のその罪業を除いてやろうとの神の御配慮は本当にかたじけない。このうえは、髪をそり尼になって仏道修行に励み、夫の後世を祈るしか道はない。女は、娘にもすべてを話し懺悔して許しを乞うた。これを聞いた娘も、涙を流しおのれの科《とが》をわびて、同じく尼になったという（続群書類従本『八幡愚童訓』／日本思想大系『寺社縁起』）。ここでは、女に届けられるべき夢のメッセージが、たまたま傍らで参籠通夜していた僧に届いてしまった。代わって夢を見る場合でもそうだが、このように違う人に届いた場合でも、受信された段階ではその夢はまだ誰のものとも決まっていない。「夢語り」の場で語られた夢を、それは自分の夢だと認識した時点で、夢はその人の夢となる。この時、夢の所有者が決まる。つまり、その夢が誰のものなのかという問題は、「夢語り」の場に至ってはじめて決まるものなのである。

夢を取る

自らも『夢記』を残し、またその伝記にも数多くの夢の記事が載せられている明恵には、その誕生をめぐって、つぎのような話がある。

明恵の母は、紀伊国の武士湯浅氏の娘であった。ある時、尊い仏弟子となるような息子を得たいとの願いから、京都の六角堂での万度詣を思い立ち、風雨も寒熱をもいとわず通い続けた。

そのあいだに、京都四条坊門高倉の宿所で妹の崎山女房と枕合わせに寝ていると、ある人の手から柑子を得る夢を見た。目覚めてすぐ妹にこの夢の話をすると、妹は「実はわたくしも夢に人が出てきて白い器に大柑子を二つ差し出してくれました。それなのにあなたが、これはわたしのものよと言って、奪い取ってしまわれました」と話した。母はその後まもまなく懐妊して明恵を生んだ（奥田勲『明恵　遍歴と夢』東京大学出版会）。

後に明恵自身が、この「夢解き」をして、この二つの柑子は華厳と涅槃の両経であり、自分が現在、華厳・真言二宗の末流として仏門にあることとの予兆だったと述べた。明恵の母は、自分自身も夢で柑子を得たが、さらに妹の夢でも二つの大きな柑子を奪い取るかたちで手に入れている。この柑子こそ、今日の明恵のあり方を預言するものだったというのであるが、この夢については、明恵が弟子たちとの「夢語り」の場でも話題にし、自身の「夢解き」とあわせて弟子たちの記憶として共有され、明恵の死後に編まれた伝記の中で重要な核心をなす話として位置づけられたのである。

夢をめぐる姉妹の話が、もう一つある。北条時政の十九になる娘は、自分がどこともわからない高い峰にのぼって、月日を左右の袂《たもと》におさめ、橘の実が三つ成っている枝を髪にさしているという夢を見た。娘は、これを二十一になる姉にくわしく語った。この二十一になる姉娘の方は女性ながら才覚は人より抜きんでており、この夢の意味するところを十分にわかっていたので、中国伝来の鏡に唐綾の小袖を添えて妹に渡して、この夢を自分のものにした。こうして夢を得た二十一の君は、その後、源頼朝の妻になり、やがて天下を左右するほどの力をもつことになった(『曽我物語』)。

さらにまた、人の見た夢を取る話には、備中国の郡司の息子「ひきのまき人」(吉備真備のことかといわれる)の場合がある。この若者は、ある日、「夢解きの女」のところに出かけて自分の見た夢をあわせてもらった。それが終わってからもしばらく話し込んでいたら、ちょうどお供の者を四、五人も連れて国司の息子の太郎君が来た。まき人が奥の部屋で様子をうかがっていると、太郎君は自分が見た夢の内容をくわしく語り、それを聞いていた女は「それは本当にすばらしい幸運をもたらす夢です。必ず大臣にまで昇進なさること請り合いですから、絶対にこの夢を人に語ってはいけませんよ」と言った。太郎君はたいそう喜んで、すぐさま着ていた衣をぬいで女に与えて帰って行った。

この一部始終を見ていた郡司の息子は、是非ともこの夢を自分に欲しいと女にせがんだ。国司の息子は父の任期の四年が過ぎればさっさと都に帰ってしまうが、郡司の息子である自分はずっとこの地に住み続けるのだから、自分の方を大事にすべきだなどと一生懸命に説得したので、女はとうとうそれを承知した。

さらば、おわしつる君のごとくにして入り給いて、その語られつる夢を、つゆもたがえず語り給え。

と「夢解きの女」が言うので、郡司の息子は喜んで言われたとおり寸分も違わないように「夢語り」をした。すると女は先ほどと同様に「夢解き」をし、最期に彼は衣を脱いで女に与え、まったくどこも違うところなくコピーのように事が進められていく。こうして夢を得ることができた郡司の息子は、ついには大臣の地位にまで昇りつめ、他方、夢を失った国司の息子の方は、たいした官職にもつけずに一生を終えたという（『宇治拾遺物語』巻十三の第五／新日本古典文学大系）。

4. 夢語りの具体像

二つの情報空間

この話は、「だから良い夢は決して人に語ってはいけませんよ」という、「夢語りの禁止」で結ばれている。さらにこの頃は、「夢語らずの日」まで設けられていたというからずいぶん念の入ったことだが、それほどまでに夢語りが禁じられたということは、逆に、中世社会でいかに「夢語り」が盛んになされていたかの証左でもある。

夢というはかないものがまるで商品のように価値あるものとして流通した中世社会の特異性、瓜二つに再現できれば夢の価値が本物からコピーの方に移行してしまう不可解さ、また夢の価値を決めるうえで「夢解きの女」の果たした役割の大きさなど、これらの話には注目すべき点が多くあり、解けない謎も多く残されている。

自然に眠っているうちに神仏などから夢が届いた場合であっても、わざわざ聖所に出かけて積極的に夢を得た場合であっても、中世の人々は冥の世界にさまざまな内容が蓄積された夢のデータボックスが存在することを信じて疑わなかった。このような、冥の世界にいる神仏や死者たちを発信者とし人間たちを受信者とする情報空間が、第一の空間である。ここで届けられた夢は、誰のものでもない。むしろ、夢の発信者である神仏や死者たちのものと言うべきかもしれない。

その後、夢を届けられた人々は「夢語り」をはじめる。夢の意味するところを解いてもらうためだったり、夢に出てきた人にそれを伝えるためだったり、その夢にかかわる大勢の人に聞かせるためだったり、その動機はさまざまだが、あらゆる場で夢をめぐる情報が人々のあいだをとびかうことになる。こうして人と人のあいだに生み出される「夢語り」空間が、二つ目の情報空間である。中世の夢をめぐる情報空間は、この二つの空間が重なりあって成り立っていた。

夢語り共同体

中世人のあいだに生み出されていた「夢語り」の場に注目し、これを「夢語り共同体」と名付けたのは菅原昭英氏である（「夢を信じた世界」『日本学』五）。力のある兄を前にして、自らがどのような政治的地位を得られるのかまだ定かではなかった時期の九条兼実のまわりには、姉や叔父や息子たち、妻たちやその縁者、家来たち、そして祈祷僧や陰陽師といった、兼実と運命の浮沈を共にする人々が、兼実にかかわる夢を見たといっては語り合い、あるいは手紙などで知らせてきた。彼らは、吉夢や最吉夢を兼実に報告するたびに、共に一喜一憂して、心理的一体感を確かめ深めていた。

菅原氏がくっきりと浮かび上がらせた「夢語り共同体」のこうしたあり方は、なにも兼実の周辺に限られたことではなく、中世社会ではどこにでも見られる現象であった。

目に前にいる幼い我が子が、次の天皇の地位につくのではないかと期待する伏見宮貞成の周辺でも、同じような現象が起こり「夢語り共同体」が形成されていたし（横井清「夢」『岩波通史日本歴史　中世3』）、自分を支持する武士たちが対立する勢力をおさえて大和一国の覇権を握り、自身も大乗院門跡としての確固とした地位を築きたいと願っていた経覚のまわりでも、彼に仕える僧や稚児や武士たちによって「夢語り共同体」が生み出されていた（拙著『夢から探る中世』角川書店）。

ここには、その場で語られた夢を自分自身のものだととらえ、その夢の実現を願い目指す者たちが集っていた。彼らは同じ夢を共有する同士であった。ここでも、中世の夢は、「夢語り」の場（＝第二の情報空間）において、はじめて、それが誰のものであるのかを明瞭にしはじめる。

夢記

さて、『夢記』といえば明恵といわれるほどに、高山寺の明恵と夢は切っても切れない関係にある。明恵自身、十九歳のころから『夢記』を書き、死後に弟子たちがまとめた伝記にも明恵が見た多くの夢の記事が載せられていて、興味深い多くの夢をわたしたちは知ることができる。たとえば、「塔に昇る夢」というのは、明恵の夢に、幾重となく層を重ね天空高くそびえる不思議な塔があらわれて、それをどこまでも昇っていくという夢である。太陽や月や星のあるところをも過ぎ、はるか空のかなたまで昇り詰め、とうとう塔の一番てっぺんに手をかけるが、そのとたんに夢から覚めてしまう。どうしても、もう一度、この塔に会いたいものだと願っていたら、また夢にこの塔が出てきた。今度こそ、一番上に昇って塔の頂上に立つぞと思いながら、明恵は以前と同じように昇っていく。そして、ついに塔の一番上に立つことができた。

明恵の眼下には十方世界がひろがり、無限の空間が自分をつつみこんでいた（河合隼雄『明恵夢を生きる』京都松柏社／のち講談社α文庫）。なんともスケールの大きな夢である。

おもしろいのは、この夢が、人々の中にもう一つ別の「夢」を生み出す点である。明恵にかかわりのあった仁和寺のある僧侶が、夢にとても高くて荘厳華麗な塔を見た。その塔の高いことといったら大変なもので、雲を貫いてもっと上まで伸びている。その塔を二・三人の人が昇っていく。他の者が一・二重しか昇ることができないのに、一人だけ何重もの層をどんどん昇っていく人がいる。よくよく見ると、それは明恵であった。塔の下には、多くの弟子たちや人々が群れ集まって、塔を囲んで上を見上げている。その時、彼は夢の中で、「ああ、栂尾の和尚が、いよいよ入滅なされるか」と思ったという（「最終臨終行儀事」／『高山寺叢書一』）。

おそらく、明恵は生前、弟子たちに「塔に昇る夢」の話を語って聞かせていた。それが伝記にも載せられたから、今のわたしたちもそれを知ることができる。また、弟子たちはこの夢を語りひろめ、直接明恵から聞かされなかった者たちにとっても、この「塔に昇る夢」はよく知られた夢になっていた。それだからこそ、仁和寺にいた僧侶の夢に、この塔を昇っていく明恵の姿があらわれ、高山寺の明恵が臨終を迎えたことを知ったというのである。いまや、明恵は雲を貫いて上空高く伸びている塔を昇って、別世界へと旅立って行く。明恵とその周辺にひろがっていた「夢語り」によるイメージの共有が、明らかにここには見られる。

中世の寺院では、修行中の僧が見た夢を記させて、師匠がその修行の進展ぶりを計ったり、受戒の前行にした。しかし、こうした「夢記」は、多くの場合は文字化されず口頭で伝達されたので、あまり残されていないという（松尾剛次『日本中世の禅と律』吉川弘文館）。このような「夢記」の原初のようすを伝えていると思われる次のような話がある。護命僧正が奈良の春日社で涅槃経を講ずることになり、弟子の延祥も聴聞に預かった。それが終わると護命は延祥に「汝、夢を見たか」と尋ね、延祥が「見ました」と答えると、「ではそれを語ってみよ」と言う。そこで延祥は、「夢でわたしは七重塔の上で仰向けに横たわっておりました。すると空に日が三つも並んで出てきて、その光はわたしの満身を照らしました」と語った。護命は「これは大変な吉夢だ。人に語るべきではないぞ」と言った（『日本文徳天皇実録』仁寿三年（八五三）九月朔日条／新訂増補国史大系）。師匠は自分の聴聞に預かった弟子がどんな夢を見るか、その内容によって、自分の涅槃教を講ずる力量も計れるし弟子の修行の度合いも計れると考えられていたようで、空に三つも日が出てきて満身を照らしたというこの「夢語り」に、護命はおおいに満足したのだろう。

5.……夢を信じて

他人ごとのように

先にあげた『蜻蛉日記』の話には、じつはその続きがある。自分に代わって夢をみておくようにと頼んで京都にもどっていた彼女のもとに、ずいぶん日がたってから、「袖に月と日を受け、月を足の下に踏み、日を胸にあてて抱いているさまを夢に見ました。ぜひ夢解きに占ってもらうといいでしょう」と例の僧が連絡してきた。あまりにも大仰な夢だと思って誰にも解いてもらわずにいたが、ちょうど折しも「夢あわせ」をする人が家にやって来たので、まったく他人ごとのようにして尋ねてみると、その「夢解き」は、「いったい、これは誰が見た夢なのですか。帝を自分の思いどおりにして大きな権勢を振るうことができるという、大変な夢なのですよ」と解いてみせた。これを聞いて、本当に自分たち親子には似つかわしくない夢だ。これは「夢解き」がまちがって夢あわせをしたのではなく、あの僧がでたらめなことを言ってよこしたに違いない。本当にいいかげんな者よ。ああ、ばかばかしい。そう思って、この夢について気にかけるのは以後やめにした。

『蜻蛉日記』の作者である藤原道綱母はこのように書いて、この夢に自分たちの未来像を重ねあわせるのをやめたという。「日月の夢」が政治的な権力のステロタイプ化した象徴であることは、中世の他の多くの物語にもよく示されている（保立道久『中世の女の一生』洋泉社）。それだから、彼女は僧から言ってよこした夢を、自分の夢として「夢解き」に語るのをはばかって、誰かまったく別人の見た夢のようにして尋ねてみることにしたのである。およそ自分たちには似つかわしくない夢だと思いつつ、それでもなお「夢解き」に語ってみずにはいられなかったところに、中世の人々の夢に対する信頼の大きさが読みとれる。「夢をたのむ」ということばは、他の人の書いた日記を読んでも数多く出てくる。中世に生きていた人なら誰もが、夢を信じる気持ちを強く持っていた。

正夢です

藤原行成は朝廷での儀式の最中に、ふと居眠りをして夢を見た。夢に一人の人が現れて、一通の封書を差し出した。誰からの書状かと尋ねると、「権中将からの消息です」という。それを聞いた行成は夢の中で、きっと権中将が出家をすると告げてきた手紙に違いないと思った。目覚めてから、権中将の父の藤原道長にこれを知らせようと探していたら、たまたま当の権中将自身に出会った。そこで、自分が見た夢の話をすると、彼は笑って「正夢ですよ」と答えた。程なくして、かねて約束していた友人と一緒に、権中将は出家してしまった（『権記』／増補史料大成・『古事談』『続古事談』／新日本古典文学大系）。

二人の若い貴族は、共に出家をしようと前々から誓いあっていた。しかし、それを、いつ実行するかを決めかねていた。そうした時に、そのうちの一人が行成から夢の話を聞いた。夢では、自分が出家するという手紙を届けたという。これは、神仏が自分たちの決意を支持してくださっていることのあかしだ。そう考えて、まるで夢のメッセージに後押しされたかのように彼は出家を決行する。「正夢ですよ」と答えたその瞬間に、彼の心ははっきりと決まった。

「夢とは予言にあらず、拘束である」（ロジェ・カイヨワ「夢の威信と問題」『夢と人間社会（上）法政大学出版会』）とは、まさにこのことである。夢は、そこにこめられたメッセージを自らにかかわるものだと受けとめ、それこそが自分自身の夢だと認め、それの指し示す道が自らの進むべき道だと確信し、それを引き受け実行していく者の夢になる。そこでは夢が、彼らの行動をその実現へと向かわせる拘束力として作用する。夢の予言を実現させるのは彼らの行為であり力である。けれども、その結果、夢が示したとおりに事が運んでいくと、夢の予言は的中したと受けとめられ、夢を信じる人々の気持ちはさらに強くなり、夢の威信はますます増大する。

待たれる男

「夢語り」の情報空間が果たした力の強大さをもっともよく示すのが、次の話である。

信濃国にある筑摩湯のあたりに住む人の夢に、人が出てきて、「明日、観音が湯浴みにいらっしゃる」という。「いったいどのような姿で、観音はおいでになるのですか」と尋ねると、「年の頃は四十ばかり、ひげは黒く、綾藺笠をかぶり……葦毛の馬に乗って来る、それが観音だ」と、じつに事細かに説明する。夢から覚めた男は、これは一大事とばかりに、まわりの人に告げ知らせ、それを聞いた人々はさらに次の人に告げ回して、というように情報が伝わって、またたくまに湯のまわりには群衆が集まった。湯を替え、まわりを洗い清め、しめ縄を張って、人々は今か今かと待っている。そこに、一人のさむらいがやって来た。その姿かたちはというと、まさに夢の告げの観音にそっくりそのままであった。彼は先日、狩りをしていて右腕を折り、その治療のために筑摩湯に入りに来たのである。しかし、人々は彼を見ると額づき拝んで、その後について歩き、ただただひたすらに祈る。驚いたさむらいが、いったい何事かと尋ねても、人々はただただひれ伏し拝んでいるばかりである。困り果てて、やっと一人の僧から夢の告げのことを聞き出し、いやいや、自分はその夢の話とは無関係の人間だと説明してまわるが、まったく誰も聞く耳をもたない。「夢の告げ」に支えられ確固とした人々の認識によって、このようにまわりを包囲されし尽くしてしまった時、その男は、とうとう自分は本当は観音なのではないかと思うようになる（宇治拾遺物語）。

日頃は確かなものだと思っているはずの自己認識なんて本当にあやういものだ。自分が今認識している自分のイメージは、いったい何に支えられているのか。そんな気持ちを抱かせる話である。

6. おわりに

神仏が支配する冥の世界から人々に届けられる夢、その「夢見」を軸にした情報交換の場では夢は誰のものでもない。ところが、その夢が、ひとたび人々のあいだの「夢語り」を軸にした情報空間に入りこむや、その姿を一変させる。それは、個人の、あるいは集団の夢となって、人々の未来を拘束し、社会的にも強大な力を発揮するようになる。

中世人の夢は、時間軸でいえば、未来にかかわるものである。それは、いつも人々のこれからのあり方をさし示す。中世の人々にとって、夢は未来の自分のあるべき姿を示すものであり、それに向かって行動する対象であった。それに対して、現代人の夢は、過去に深くかかわっている。自分の過去の経験や記憶や願望が、さまざまに姿を変えながら夢の世界に立ち現れてくる。では、現代人にとって、未来にかかわる夢はないのか。それは、眠っている時に見る夢とは別に、覚めていながら未来へのイメージをふくらませるものとして存在する。その夢は、互いに語りあわれ、共有され、人々の心をつなぎあう。今日、わたしたちは何の疑問ももたずに、この二つの「夢」を使い分けている。

こうして、夢は、眠っていて見る「夢」という意味でのみ使われていたのが、ある時期を境に、眠っていて見る「夢」と、覚めていて願望として思い描く「夢」という二つの意味に分裂した。それは、中世に存在した夢をめぐる二つの情報空間が消滅した時でもある。

II

夢見ることから「夢を語ること」へ

0.……無意識という伝達装置

不思議のメモ帳

無意識は伝達装置であるという見方は、すでにフロイトの発想の中にあった。「不思議のメモ帳」へのコメントで、フロイトは、データ貯蔵庫としての無意識をイメージしている。[1]「不思議のメモ帳」というのは、黒い蠟板の上に多くは黄色いビニール膜を懸けてその上から字を書き、蠟板と強く接触したところに文字が浮かび上がるようにした装置である。ビニール膜をめくると字は消える。何回でも書いては消し、書いては消せるので、磁石で冷蔵庫に引っ付けて家族間の伝達に使われたりする。今でも子どもの玩具や景品としてそれなりの人気がある。蠟板の蠟の中には、書かれた字がすべて残る。もちろんパソコンと違って再生させるのはまず無理というものだが、理論的には、データがそこに書き込まれ失われずに蓄積されていることに間違いはない。これが無意識というものなら、精神分析で言う無意識はずいぶん身近なもの

1　フロイト「不思議のメモ帳」『フロイト全集18』岩波書店（近刊）。

であることが分かる。それは、忘れたことが保存されている装置の別名である。そしてメモというのはまさしく、「それを知っている」今の自分から「それを忘れてしまった」未来の自分への伝達装置なので、この「不思議のメモ帳」の議論を見る限り、無意識論を一つのメディア学として構築することは、フロイトによって敷かれた既定路線の一つであったと言っても過言ではない。素朴な「不思議のメモ帳」だけではなく、電話という複雑な伝達装置もまた、無意識の作動をイメージするためにフロイトによって時々言及された。また、「検閲」という精神分析用語も、フロイトが政治的なメディアへの検閲を念頭に置いて考案したものである。それにしては、その後、あまりメディアとしての無意識概念の理論的な発展を耳にしない。なぜだろうか。

それには理由がある。無意識を伝達装置として思い描くと、人は実にしばしば、「テレパシー」のような超自然的な発想に陥ってしまうものだからである。「無意識で知っている」という考えは、われわれにとってとても魅力的で、それは人をつい極端にまで走らせる力を持っている。いやむしろ、「無意識の知」という概念それ自体が、後に述べるように、原理的に「あらかじめすべてが知られている」というような、極端な事態を内包したものである。したがって、無意識論をメディア学の方向に進めた場合、それはいきなり「超メディア学」となりかねない危うさを抱えている。

テレパシーの誘惑

この問題はすでにフロイトが大いに頭を悩ませたところである。精神分析中には、「これはテレパシーなのだろうか？」と分析家が自問したくなるような現象が起こることは珍しくない。分析家の考えていることを患者に話したわけでもないのに、患者にその考えが伝わっていたかのように、患者が行動するような場合である。具体的な例に関しては本書の次章でやがて御覧いただくことになる。フロイトもこのような現象を研究の対象として考えを進めようとした。[2]

彼が向いていた方向は、およそ、「精神分析中にテレパシーに似た現象が起こるからと言って、それでテレパシーというものの実在が証明されたことにはならない。しかし、テレパシーが実在しているという仮定を置いて夢や無意識の研究を進めることを禁ずることはできない。なぜなら、そうした仮定と自分の無意識論は、矛盾しないからである」という風にまとめられ

2　フロイト「精神分析とテレパシー」須藤訓任訳『フロイト全集17』岩波書店、二〇〇七年。

る。

つまりフロイトは、「テレパシー」的なものに反論しなかったばかりではなく、その実在性を仮定して研究を進めてみることをどうやら推奨さえしていたように見えなくもないのである。フロイトの言っていることをよく読めば、フロイトが「テレパシー」を信じていたわけではなく、その実在性については自分は「知らない」という消極的な態度をとっていたことは分かる。しかし、フロイトの論の中に、「テレパシーを初めから否定してかかるのは誤りである」という、あたかもオカルトを肯定するかのような含意があるのを感じた周りの人々は、フロイトがそうした研究を進めることを思い止まらせようとした。精神分析の科学としての地位が、それによって疑わしいものになることを、彼らは危惧したのである。

それでは、フロイトが「否定することはできない」とした「テレパシー」的な含意は、全面的に非科学的なのだろうか？　ここで現代のメディアを考えてみよう。メディアの理想は、「速く」、「多く」、そして「正確に」である。それらは確かに理想であって、単に程度の問題として考えている間は、メディアを眺めるわれわれの態度の中には、非科学的なところは生まれない。しかし、その理想が完全に実現されたらどうなるのかと考えてみると、理想がしばしばそうであるように、メディアに向かうわれわれの態度には、経験科学を越え出ようとするところがあるのが分かる。これらの理想を極限に推し進めると、瞬時に、いかなることでも、間違いなく知っているという「知」のあり方が浮かび上がるからである。

これらは、昔から「神」の属性であったものである。だから、われわれのメディア論の中には、「神」が極限値として含まれているのではなかろうかと問うてみてもよかろう。そもそも「テレパシー」とは、そのような「神」の属性を分有し、距離をものともせず同時的な「知」を実現することである。そう考えてみると、精神分析において「テレパシー」を問題にせざるを得ない局面があるということは、決してメディア論的に的はずれな発見ではなかったということが言えるだろう。

「最大速度」の問題

それにまた、現代の「科学」の前提から見れば、われわれは、このような「知」が原理的に実現可能な状態においてメディアを語りつつあるということも窺われる。というのも、「光」の速さが、われわれの経験の最大速度であるとすれば、「光」と同じ速度で伝わる「知」は、メディアの理想の一つを体現していることになるからである。科学的に見て「光」に先回りできる「知」はない。「光」と同じ速さで伝わる「知」があれば、それはすでに「絶対知」と呼ばれる可能性を呈示している。世界中に張り巡らされた光ファイバーは、今まで「神」として語られていたものの領域に踏み込んでいるとも言えるのである。

メディア論で言われる「ユビキタス社会」の理念は、常に既にどこにでも誰にでも行き渡る「知」、すなわち「神」の「遍在性」の概念に由来する。テレパシーから難題を突きつけられた精神分析も、現代のメディア論も、神的な「全知」を目指す人間の極限的な欲望を、研究の内的対象として持っている。フロイトは、「無意識は無時間的である」と言っており、それは無意識がわれわれの人生の各時代を貫き、昔を今に為す術を知っているということを意味しているが、さらに、それは「無意識とは最大速度による伝達である」というメディア論的なニュアンスで解釈し直すこともできるだろう。

「光速」が速度の限界である以上、思考の伝播の速度も、「光速」までは到達しうると一応は仮定して良い。テレパシーは、このような限界を設定せず、「光速」という現実の速度ではなくして絶対的な「同時性」（あるいは「共時性」）を信じている。テレパシーという概念の非科学性は、「速度」を考慮しない「共時性」を無反省に前提しているというところにある。その「共時性」においては、あらかじめ等しく与えられたものと、すべてに勝る速度で伝達されたものとが区別されていない。ここに、テレパシー概念の明らかな弱点がある。厳密に「共時性」を捉えるなら、問題になる「知」はすでに普遍的に分配されているのであるから、それはもはやいかなる「伝達」も必要とはせず、したがってテレパシーという「伝達」それ自体が無意味になるのである。

しかし、逆に、テレパシーとは、それを超える「速度」はないような最大限の思考伝播の「速度」である、という仮定を置いてみればどうだろうか。そのような仮定を棄却する根拠は原理的には見つからない。一方、現代のメディア論は、当然ながら「光速」が伝達の速度の限界であるという仮定を受け入れている。そして、最大限の速度である「光速」による伝達を、目指そうとする。

そうすると、もしテレパシー論者が持論を科学的に修正して、「テレパシーとは光速による最大速度の思考伝達である」という命題を立てた場合、われわれはそれをメディア論の一つとして受け入れざるを得ないことになるだろう。事実、そういう主張が（病理の領域においてではあるが）なされたことがある。それは、「神経」を「光」に置き換えた、一九世紀の患者シュレーバー議長の論理である。シュレーバーによれば、「神」の「神経」である「光線」は、彼の身体に直接のアクセスの部位を確保しており、かくして彼には神からの伝達が身体的になされ、彼は他の人々の考えないさまざまな事象を、神によって考えさせられることになった。[3]

これはメディアの極限的可能性を語っていると見なせると同時に、テレパシーの変異型であるとも言える。フロイトは、シュレーバーの妄想を、亡き父との交流が医師との交流を経て神との交流に転化したものとして捉えている。シュレーバーにおいては、父への懐かしさに満ちた憧憬であるべきものが、彼の幼年期の父との特異な関係により、無意識の性愛化を蒙り、シュレーバーはこの無意識の動きに抗して、それを神との交流に妄想的に置き換えるしかなかったというのがフロイトの論である。しかしこのフロイトの論は、メディアの理想として置かれた神的世界との交流をめぐる議論としても読める。すなわち、人間は、無意識というものを、亡き父やあの世との交流を果たすための通路として、いろいろな意匠を凝らして動員することができるということである。

さしあたり、これまでの「最大速度の問題」についての考察を要約して、次のようなことが言えるであろう。メディア論は、現代の科学的世界観の枠内で仕事をするから、現実の最大速度を「光速」に置く。しかし、テレパシー論は、それを超える「速度」での伝達を主張し、さらには「常にすでに伝わっている」状態、すなわち絶対的な「同時性」（または「共時性」）を暗示する。この絶対的同時性のもとでは、伝達は不要になる。伝達はもともと存在していなかったか、もしくは目的を達して廃棄されたかのどちらかであるか、その両方である。このとき、本来は伝達とは言えないもの、すなわち神の気まぐれによる人間への伝言という想像的観念しか必要ではなくなる。

メディア論は「光速」を超える伝達を今のところ表だっては主張しないが、もしそれが序章で触れられていたような宇宙との動物磁気による交信のような理想を、たとえ不可能なものとしてではあれ含んでいるとしたら、メディア論はテレパシー論の後継者であると言える。霊界との通信という概念が世を席巻したのはさほど古いことではなく、それが衰退していったのは、時代的には相対性理論による世界像の受容とともにである。それはこの理論が「光速」を世界

3　フロイト「自伝的に記述されたパラノイア（妄想性痴呆）の一症例に関する精神分析的考察」小此木啓吾訳『フロイト著作集9』人文書院、一九八三年。

の境界に置いたからである。相対性理論の出現以前のテレパシー論の理想は、形を変えて復活することが今でもなおありうるのではないだろうか。

テレパシックな伝達の理想は、無意識の概念においても、現代のメディア論においても、目立たない形ではあるが、すでに理論的に考慮に入れられている。精神分析は、無意識がこの理想によって駆動されうると考えている（シュレーバー）。メディア論もまた、メディアがこの理想によって駆動されうる（あるいはひょっとしたら、駆動されるべきである）と考えている（ユビキタス）。しかしこの理想は、無意識を、妄想的な状態に導くことがある。そうだとすれば、われわれは、陰に陽に働いているメディアの理想を追うことによってもまた、妄想に陥る誘惑に曝されていることになる。われわれは精神分析からもメディア論からも、われわれがどのような妄想へと誘われているのかを、見極めて行かなければならないであろう。

2.……「関係」の伝達

伝達としての転移

無意識が一つの伝達装置であるとするなら、この伝達装置の中では、何が伝達されているのであろうか。精神分析が扱っている特有の何かが、そこにあるのだろうか。精神分析にとって核心的な「転移」という概念は、文字通り何かがどこかからどこかへ移されるある種の「伝達」なのであるから、それをメディア論的に問い直すこともできるので、もともとこの概念が何の「転移」を語っているのかを振り返ってみよう。一般的にもかなり知られるようになっている通り、分析を受ける主体の親子「関係」が、分析家との関係の中で再体験される。つまり、ある種の「関係」が場所を移して意味を持つことが最も分かりやすい「転移」の意味である。それに似て、親子の「関係」を比喩として活用する宗教は、洋の東西を問わず数多い。宗教では超越的な存在への「関係」が、親子の「関係」によって語られがちである。このように、過去に経験されて記憶の中で内密なものになった親子「関係」は、分析関係の中では小さな人間関係へと、宗教では広い社会関係へと転写される。こうして、われわれは、ある種の「関係」を、拡大したり縮小したりして色んな場面に持ち運んでいるわけである。

こうした動きを、若干見方を変えて見ると、「転移」による「関係」の移動は、個人の内面と社会の構造というサイズの異なるものを、重ね合わせるということになっている。親と子の

「関係」は「神」と人間の「関係」へと拡大的に変容し、逆に、制度的に作り上げられた「神」との関係は、親子の関係のあり方へと縮小的に食い込んでゆく。二つの別次元の「関係」を、同じものとして経験し、それぞれの「関係」のサイズを完全に不問に付して、その質だけを問題にしている主体が居る。それがわれわれである。われわれは、「関係」の「転移」を通じて、内的存在でもあり社会的存在でもあるという両面のあいだを、自ら媒介している。小さい「関係」と大きい「関係」、あるいは過去の「関係」と現在・未来の「関係」のあいだに、もう一度「関係」が作られる場所、そこがわれわれの居場所である。したがって、われわれ自身がすでにある種の媒介を行う場所、つまり媒体であり「メディア」なのである。

よりまし(メディウム)

「メディア」という語は、「メディウム」の複数形である。「メディウム」は、「こんがり」と「なま」とのあいだを言い表すことがあるように、それ自体が、あいだ、もしくは、あいだを取りもつものという意味である。そもそも何と何とのあいだなのか。それは、神と人とのあいだである。そのことは、「メディウム」という語が、「巫女」や「霊媒」の意味を持っているこ

デルポイの巫女　19世紀の銅版画（パリ、国立図書館）。巫女が支離滅裂な言葉を喋っているのを人々はアポロンからのお告げだと信じ、神官がそれを解釈している。(Illustrierte Geschichte der Medizin 4, Andreas & Andreas, Verlagsbuchhandel, Salzburg 1990)

とによって示唆されている。「巫女」や「霊媒」は、たとえば天使のように神と人の混じり合った存在であるというわけではなく、あくまでも人間であり、単に神に乗り移られ、神が彼らの口を借りて語ったのである（挿絵を参照）。人間そのものが「メディア」であるというこの構造は、昔から、人間社会を運営するために必要な構成要素の一つであった。よく言われてきたように、人間は「人」の「間」と書く。また、人間は、「天」と「地」のあいだで、あるいは「神」と「自然」のあいだで、両者を「媒介」するものという自己理解をその根に据えて、その歴史をいままで何とか紡いできた。そうした自己理解を、人間社会から仮託された階層として、職業的な狭義の「メディウム」が存在してきたと考えられる。

だが、人間そのものが「神」と「自然」のあいだの媒介であるという認識は、どんなに重要だとしても、それほど自覚しやすいものではない。媒介としての人間と「神」とのあいだに、さらにまた一つの見えやすい「媒介」が必要とされる。そうした「媒介」を演じたのが、これらの「巫女」や「霊媒」たちであった。「メディアとしての人間」という語法は序章でも用いられており、多少とも比喩的な響きを持つかもしれないが、「メディウム」という階層の人間たちは、文字通りの意味でこの言葉に当てはまる存在であり、またどのような階層を生きているのであれ、人間は誰でもこの「巫女」や「霊媒」の性質を多かれ少なかれ分有していたのである。前章で述べられていたように、中世の日本の人々は、夢を見ればそれを当たり前のように、夢を見立てる職能の人々に語った。そのような語りの気軽さは現代から見ればいささか異様にも映る。しかし、夢を見立てる「霊媒」的な人物は、夢を語る人にとっては、「メディア」としての自分自身の自己理解を体現した存在なのである。彼らに夢を語ることは、自分自身に語りかけることと変わらない。そうだとすれば、語ることに大きな障壁がなかったことが理解されるのではなかろうか。

だがこの「メディアとしての人間」の特徴の一つは、「用が済めば忘れ去られる」ということである。実際、「巫女」や「霊媒」は、そのときだけ、そういうものとして現れ、あとは常人に戻ったりするような人々でもある。われわれは通常、自分を行動の中心として、かつ実体に支えられたものとして認識しているが、「メディアとしての人間」は、媒介するだけが存在意義であるので、媒介の役目が終われば消え去るしかないのである。そういう儚い質を、われわれ自身が具えていることになる。だからこそ、このような職業の人に、その儚さを仮託しておくことが必要だったのである。この儚さはどのようなものなのだろうか。

因果交流というメディア

「関係」を本質として存在している者の儚さは、霊媒に仮託するだけで済ましておくことはできず、それとして自覚されなければならなかった。事実、繰り返しさまざまな形で表現もされてきた。キルケゴールの有名なテーゼである「自己とは、関係が、関係において、関係に関係することである」という、いつまで経っても「関係」を出られない滑稽かつ悲劇的な「自己」の像[4]、また、宮沢賢治の「わたくしといふ現象は、……因果交流電燈の、ひとつの青い照明です」という詩の中に唱われた機械的な「私」の像などが[5]、その表現の代表的なものであろう。

賢治の場合、因果という「関係」の総体の中で、「私」が現れる。賢治における「因果」は、まさに現代の電気的メディアが張り巡らされた有り様のように描かれている。「私」はそこに現れる「電燈」なのであるから、「私」は、そのメディアの電気回路のうちの、フィラメントなどによって「抵抗」の高まった場所であるということになる。「私」は、メディアの網の目の中で、情報が「私」を通り過ぎるのを阻止しようとし、「抵抗」を与える。「私」は「抵抗」によって熱と光を発し、そういうものとしてのみ認知される。実際、物理学だけでなく、精神分析でも「抵抗」という言葉を使い、「抵抗」があるということはそこに「自我」があるということだと解釈する。

「抵抗」を行使している主体は能動者としての意識を手放すまいとしているが、メディアの網の目にとっては、主体と言っても、それは広大で複雑な関係性の中の「抵抗」であるというだけでさしあたり十分である。こうして、主体を実体に支えられた行動の中心と見なさない古くからの思考は、まとまった「人間」を最初の所与として思い描くことを条件付けられたわれわれの支配的な近代意識の中でも、一定の場所を占め続けており、キルケゴールにも、精神分析にも、また仏教を通じて賢治にも受け継がれた。精神分析のメディア論でも、この思考を受け継ぐだろう。それは主体を「抵抗」とそれに伴う発光として捉えるだろう。

3. ……忘却と伝達の主体

何が「忘れ」られるのか

「私」がメディアの網の目の中で「抵抗」として作用するときに、最も行使しやすい方法は、「忘れる」ということである。メディアの欲望が「伝える」ことであるとすると、それに対して「忘れる」ことがいかに「抵抗」として有効であるかは明らかであろう。「メディアとして

4 「自己とは、ひとつの関係、その関係それ自身に関係する関係である。あるいは、その関係において、その関係がそれ自身に関係するということ、そのことである。自己とは関係そのものではなくして、関係がそれ自身に関係するということなのである。」キルケゴール「死にいたる病」『世界の名著40』桝田啓三郎訳、中央公論社、一九六六年。

5 宮沢賢治「春と修羅」『宮沢賢治全集1』ちくま文庫、一九八六年。

の人間」であるわれわれは、「伝える」ことに徹さなければならないはずであるが、逆に「忘れる」という操作を加えることで、われわれは主体性を確保する。俗に「人のうわさも七五日」と言うが、まことに、「忘れる」ことにこそ、生活者としてのわれわれの、メディアへの「健全な」抵抗の道があるのかもしれぬ。フロイトは、『夢解釈』の中で、二度に渡って「夢を忘れるということ」を論じている。[6] 彼は、「忘れる」ことが、何も手を加えないいわば「自然な」過程として進むのではなくて、心的な力によって積極的に行われるのだという考え方が可能であることを示した。そこには、「抑圧」を初めとする心的機制が働いているのである。

ラカンは、一般に言語活動においては、言われている事柄、つまり伝達すべき「意味」が偏重されるために、「それを私が言っているということ」がその背後に「忘れ去られる」、という焦燥に似た感慨を吐露している。[7] ここでラカンが言っているのは、言語の自己言及性に伴う構造的規定のことである。自己言及の構造があるため、われわれが言語活動を行った場合、それがわれわれ自身に関われば関わるほど、われわれはその言語活動の意味の平面から追放される。われわれはその当の言語活動の主体としての質を奪われ、自分の作ったはずの意味の中に生まれ損ねることになる。こうして不可避的に追放される主体を、ラカンは「うらなり」というあだ名で呼んでいる。無意識というものにそもそも主体があるとすれば、この名はその主体に似つかわしいであろう。[8]

このラカンの指摘は、原理的な面で重要である。言語活動の中心にその主体として君臨できないということは、話す主体の構造的規定である。「自我は自分の家の主人ではあり得ない」というフロイトの指摘も同じ規定を表現している。[9]

こうして精神分析における無意識の主体は、「私がそれを言っているということ」を忘れられてしまうという構造的な規定を蒙る。同様に、メディアとしての人間は、「メディウム」としてのその出自ゆえに、やはり「私がそれを言っている」ということを、初めから除外して語るべく定められている。メディアあるいはメディウムとしての私の中を、ある声が通ってゆく。私がその声を、私が言っているのではなく発話すれば、私はメディウムとして完璧である。

しかし、私はその声を出さずに、沈黙していたいとも思う。さらに、矛盾するが、私はその

6　フロイト『夢解釈』の第一章および第七章。
7　Lacan, J.: Étourdit. In: *Autres écrits*. Seuil. Par s. 2001.
8　ラカン『精神分析の四基本概念』小出浩之・新宮一成・鈴木國文・小川豊昭訳、岩波書店、二〇〇〇年。
9　フロイト『精神分析学入門』懸田克躬訳、中公クラシックス、二〇〇一年。

声に、私という主語を付けて、つまり私がその主体となって、その声の発信者ともなりたいと思う。「王様の耳はロバの耳」の床屋が陥ったこの葛藤は、因果関係の網の目の中で抵抗して光を放つあの賢治の主体の葛藤である。

「私がそれを言っている」ということを忘れないでいてもらうためには、自分から「忘れる」ことによって、メディアの流通を堰き止めることしかできない。「忘れ」て沈黙すると共に、やっと「個」が立ち上がる。主体は、この世で綾成す語らいの重層性の中で、忘却や沈黙として現れ出る。

夢を語る主体の賭

夢を語る主体にとっても、ここで一つの賭が生まれる。日常的な場面では、ある夢を語れば、その夢は、夢見た人に帰属する。その夢が持っている性質は、夢見た人から生じたものとされる。しかし、「その夢を私が語っている」ということが忘れられる」という原理的な可能性が実現されれば、私がその夢を語るのも、別の人がその夢を語るのも、あの「ユビキタス」な主体にとっては、同じことになる。夢に内在している知は、ユビキタスな知として常に既に行き渡っているのであるから、その知がどこでどのように実現されても、メディア空間にとっては等価値となる。夢を語るときは、その夢に含まれている自分の知らない知が、自分において実現されるのか、他人において実現されるのかという賭を、行わなければならなくなる。その賭のリスクを冒したくなければ、沈黙を選ぶしかない。

前章で紹介された『宇治拾遺物語』の「夢を取る話」を思い出していただきたい。郡司の息子が夢解き師のところに行って、うまい具合に、国司の息子が夢を語るのを盗み聞きする。郡司の息子は、国司の息子が語った通りに、夢を語り、国司の息子が受けた通りの夢解きを受ける。その夢解きは、「あなたは大臣になる」というものであった。後から夢を語った郡司の息子が大臣になった。国司の息子からすればまさに、「その夢を私が語っていたということが忘れ去られた」のである。

この話の中では、「夢を見る」ことにまったく「著作権」が認められていないことがまず驚きである。同じ文面で、「つゆもたがえず」語り、同じ夢判断を受ければ、実際には夢を見なかった主体の方に、夢の予言的内容が実現する。コピーの方に権利が遷《うつ》ったという結果である。明らかに、「夢を語ること」が「夢を見ること」より優位にある。

そもそも夢を見なければ夢を語ることなどできないのであるから、これは不合理に見えるが、ここまで考察してきたメディアの理想の特徴が、この夢語りにおいて、すべて露見している。すなわち、あらかじめすべてが知られているというユビキタスな特徴、語り聞くという関係性が重要であるという特徴、そして、語る者の個別性が忘れられるという特徴である。

説話文学にはいろいろな効果を狙った物語が混在しており、これは当時の夢語りの習慣を真面目に受けているのか、そこから距離を置いてからかっているのかが、やや曖昧な話である。しかし、からかいで成立するユーモア文学において、からかう対象の中に含まれている考えを極端に押し進めればどのようなことになるかを焙り出すという技法はしばしば行われる。この物語もそうではなかろうか。日本中世の夢語り空間では、神から夢をもらい、その夢を人に解いてもらうということがまじめになされていたが、その原理を明るみに出せばこのようなことにもなりますよ、という提示に、この話の面白さがあるように思う。そう考えれば、日本中世の夢語り空間は、メディアが普遍的に則っている原理に忠実に運営されていたのであって、そこに現代のメディアの特徴も現れていると見てみることができる。

夢が神意をもたらすという民衆の漠然たる予感を、フロイトは全面的に斥けたことはなかった。そのフロイトの態度は、このようにして説明が出来るだろう。すなわち、夢が個人の条件——脳を含めて——から現れてくると考えても、神から与えられると考えても、同じように妥当する原理がある、それが無意識の原理だということである。ラカンの言葉で言えば、「主体とシニフィアンの関係」としての「他者の語らい」が無意識である。普遍的な知という理想、関係として反復される主体、そして実体的主体の消去、これらのメディア的特徴は、無意識を構成する原理でもある。これらのものは、時代が変わり、夢に対する見方や神の地位が変わっても、同じように人間社会を構造的に規定しているのである。

フロイトが夢とテレパシーに対してどのように考えていたのかを改めて詳しく振り返ってみれば、彼が単にノスタルジーや反動的姿勢から、あるいは当時のオカルトの流行に乗って、これらの民衆の慣行に考慮の余地を残しておいたのではないことがはっきりと分かるであろう。

4. テレパシーに関するフロイトの熟慮

テレパシーとエディプスコンプレクス

具体的な例として、フロイトが「夢とテレパシー」[10]という論文で取り上げている事例を再検討してみよう。

フロイトの許には、しばしば体験談を語る手紙が寄せられたようであるが、その中の一つに、ある三七歳の女性からのものがあった。ある夢が「幽霊のように」彼女につきまとい、そのためにベッドから落ちて怪我をするほどなので、彼女の主治医が彼女に、フロイトに手紙を書くことを勧めたのである。手紙には、その動機となった夢に加えて、テレパシー的な体験が綴られていた。また、その手紙は、自分が小さいときから如何に言語的な才能があり、常人には見えないものが見え、動物も人間と同じように魂を持っているということを認識していた特別に高貴な人間であったか、という強い自己肯定を含んだものでもあった。この長い手紙の幾つかの件《くだり》を引用してみよう。①は、自分の特別な体質を自負しているところ、②は、件《くだん》の夢、③は、テレパシー体験である。

①「すでにごく小さい子どもの頃から私はいつも独りぼっちで、ほかの子から離れていて、すでに幻影（透視・透聴）を体験していましたが、現実と見分けがつかず、そのためしばしば葛藤に陥りました。そのせいで私は非常に引っ込み思案でおどおどした人間になりました。……私は一二人いる兄弟姉妹のうち一番上です。……

私には並外れて鋭い観察の才能と、また例外的に鋭い聴覚があります。嗅覚も同様に発達しています。人が大勢いる中で目隠しをしていても、知人を嗅ぎ分けることができます。私は自分の人並み以上の視覚や聴覚は病的な体質のせいではなく、人より繊細な感覚と、より敏捷な連合能力とのおかげだと考えています……

五歳のとき、母がお産をし、その叫び声が聞こえました。家で家畜が屠殺されたときと全く同じように、あそこで動物か人間かが、最高の苦しみを受けているのだ、という感覚を持ちました。」

10 フロイト「夢とテレパシー」須藤訓任訳『フロイト全集17』岩波書店、二〇〇七年。

②「夢、水に取り囲まれた岬が見える。波は岩に砕けて押し寄せては引いていく。岬には椰子の木が一本はえており、いくらか水に向かってたわんでいる。一人の女が椰子の木の幹に腕を回しながら、水の方へ深く身をかがめている。水の中では男が陸地にたどり着こうと試みている。最後に女は地面に横たわり、左手で椰子の木をしっかりつかみながら、右手を水中の男の方に思いっきり伸ばすが、届かない。ここで私はベッドから落ちて、目が覚めるのです。――この女性が他ならぬ私自身であることに気づいたのは、私がおよそ一五歳から一六歳の間の頃のことでした。」

③「一九一四年、私の弟は出征していました。私はBの両親のもとではなく、Chに居りました。八月二二日午前一〇時のことでした。『お母さん、お母さん』と呼ぶ弟の声が聞こえました。一〇分の後、もう一度聞こえました。しかし弟らしい姿はなにも見えませんでした。八月二四日に私が家に帰ってみますと、母がふさぎこんでいました。どうしたのかと尋ねると、この弟が八月二二日に現れ出てきたとの説明です。午前中、庭にいると、弟が『お母さん、お母さん』と呼ぶのが聞こえたのだそうです。私は母を慰め、自分の体験はなにも言いませんでした。それから三週間経って、弟から一枚の葉書が来ました。そ

れは弟が八月二二日の午前九時から一〇時の間に書いたものでした。その後すぐ弟は死にました。」

この女性には、①から、いろいろな感覚領域に亘る強いファンタジー志向があることが分かる。また、②に語られているように、夢にも親和性が高い。さらに、③に、テレパシー体験が書かれている。

このフロイトの文通相手は、通常の言語以上の伝達能力の存在を強く主張している。①に語られたファンタジーは、「自分は人よりも速くかつ多く何かを知ることが出来る」という、優秀な知覚機能による情報収集能力を誇示するものである。ファンタジーの主が言いたいことは、「私は何かを知っている」そして「人はそれを知らない」ということである。つまり彼女は、現代のメディア空間におけるのとちょうど同じような情報戦争の勝者として、自分自身をアピールしている。ここに、「通常の言語を越えた伝達」というテレパシーの中心的観念が現れている。

①に語られた母のお産の経験を振り返ってみよう。母の出産の叫びが、豚の屠殺の場面にな

ぞらえられている。これは、主観的には、自らの動物愛護の精神を誇示するもので、本人は自分が菜食主義に傾いているということをも述べている。しかしながら、これは、母を動物に並べているということであり、母を、そして母の出産を価値下げするものであることは明らかである。

②の夢は、出産分娩の類型夢である。この夢を見ながら語り手がベッドから落ちるということは、語り手が出産された子どもであるということを意味する象徴的な「行為への移行」でありうるが、一方では、夢の中で手を差し延べている有り様は、自分が子どもを産み、獲得しているという観念を象徴してもいる。

すなわち、この二つを合わせると、フロイトが言うように、この女性は、子ども――父の、と付け加えても良いだろうが――を産むということに関して、母と非常に強いライバル関係を経験してきたと推定できるのである。この女性は一二人のきょうだいの長女である。次は自分が母に代わって子どもを産むのだと思い続けながら、繰り返し失望を味わい、その失望の中から、実はもう自分は子どもを産んでいるのだ、年下のきょうだいの誰それ――そこには③に出てくる弟も当然含まれるが――は実は自分の子どもであるというふうに、幼いながらにファンタジーを形成してきたという歴史を持っているのである。

このように考えてみると、③のテレパシー体験は、次のように再構成できる。まずこれを振り返って整理しておく。二二日に、この女性は弟の「お母さん、お母さん」という声を聞く。二四日に実家に帰る。そのとき母が彼女に言う。「二二日に、弟の『お母さん、お母さん』という声が聞こえた」と。そしてその三週間後弟から手紙が届く。それは二二日に書かれたものであった。手紙を書いた後、弟は戦死していた。

フロイトはこの成り行きに対し、非常にハードな解釈を付けている。それはこうである。二二日に弟からの「お母さん、お母さん」という声を聞いた、という女性の陳述は、遡及的な再構成である。彼女は、二四日に実家に帰り、母から、「二二日に弟の声が聞こえた」と聞かされる。その言葉は、彼女の無意識に強く訴えた。そこには母とのライバル関係と幼児期妊娠幻想が待ち構えている。それらが力を発揮すると、こうなる。「お母さんは弟の声が聞こえたと言うけれど、実は私にだって聞こえていたんだ。」母とのライバル関係は、遡及的なファンタジーによって彼女の勝利に終わったのである。

この女性に聞こえてきたとされる声は、「お母さん、お母さん」だった。なぜ、「お姉さん、お姉さん」ではないのだろうか。それは、「弟を産んだのは母ではなく私である」ということの女性の幼児期の信念がそうさせたからである。弟から見て、彼女は母でなくてはならないのであった。それゆえ母の話を聞いたとたん、瞬間的に彼女の中に遡及作用が働き、決して母に遅れることなく、母としての同じ立場で弟からの声を聞いたと、彼女は思い込んだのである。

このような思い込みにこそ、事態の核心がある。母に対して、彼女はいわばこう主張している。私はあなたにはなれない。しかし、私はあなたに遅れることなく、あなたの知ることをすべて、すでに知っていることができる。よって私はあなた以上にあなたである。

母との間のこのような情報獲得戦争を、瞬間的に勝利に導くことができた背景には、第一次世界大戦という共同体の活動があったことをぜひ考えに入れておかなければならない。ここに描かれているようなテレパシー体験は、日本でもまた、戦中戦後にしばしば語られていたものではなかっただろうか。そのような、共同体の中で交わされている情報争奪戦があったからこそ、彼女はそこに加わり、自らの古いエディパルな無意識の欲望を復活させることによってそれに勝ったと信じることができたのである。

テレパシーの存在は、通常の言語を超えた速度と量によって、共同体の中で交わされている情報戦を勝ち抜いたという主張を含んでいる。さらに、そこに含まれる個体識別の混乱、あるいは家族内関係性の混乱が、主体性の介入を印付けている。「姉である私は、実は母なのだ」という思いは、「姉だろうが母だろうが、それが届けばよいのだ」という、ユビキタスな知の特徴を味方に付けて、それによって支えられている。テレパシーは、無意識の欲望に後押しされて実現される、あるいは、無意識の欲望がテレパシーという概念を利用することによって自らを成就させる、とも言えるだろう。

サイバー空間の原父

そこでさらに、無意識の欲望について検討しておかねばならない。フロイトと日頃から手紙のやり取りのあった男性が、その手紙の一つにおいて夢を語った。その夢には、テレパシーと見えるような現象が含まれていた。

その男性の娘は、男性の住んでいる町とは違う町に嫁いでいた。この娘は、男性にとって、亡くなった前の妻との間に産まれた子である。男性は現在は二度目の妻と共に住んでいる。さて、娘は、出産を控えていた。予定日は、一二月中頃とされていた。それで、一一月の中頃には、娘の住む町へ、妻と共に出かけることにしていたが、一一月一六日から一七日にかけて、これまでに経験したことのなかったほど迫真的な次の夢を見た。

「妻が双子を産んだ。赤いほっぺをした元気ではちきれそうな二人の子が妻のベッドに並んでいるのがわかったが、性別ははっきりしない……。」

続く一一月一八日の午前一〇時に、彼は前日の午後に娘の夫が彼宛てに打った電報を受け取った。それは、男の子と女の子の双子の誕生の報せであった。その子たちは、彼がちょうど、妻が双子を産んだ夢を見ていたその時刻に生まれたわけである。

彼はフロイトに向かって、こう問いかけている。

「夢と実際の事件の一致を、偶然だとお考えになりますか。娘はわたしに対する愛着心が強く、お産の際にもきっと特に私に思いを馳せていたでしょう。妊娠中の振舞い方について、わたしは娘としばしば文通し、再三忠告を与えていたこともありますしね。」

父と娘の間の強い結びつきについて父親自身がこのように補足しているので、フロイトはこの夢を、父親側から見たエディプスコンプレクスの文脈に当てはめてみせる。彼は、夢で出産したのが妻であるのに対し、実際に出産したのは娘であるという重大な違い――これにはこの男性自身も気づいている――をしっかり指摘しておいてから、次のように言う。

「この父は、自分に対する娘の愛着が強いことを知っていますし、苦しいお産の際、娘がしきりに自分に思いを馳せたと確信しています。私の思うには、彼は結局のところ娘を義理の息子に恵み与えてはいません。この息子のことは手紙の中で二、三回軽蔑的口調で触れられています。娘の（予期された、ないしテレパシー的に聞き届けられた）出産をきっかけとして、無意識的欲望が、抑圧されたものの中で蠢き出したのです。つまり、娘は本当は私の（二番目の）妻であるべきだ、と。そして夢思考を歪曲し、実際の事件と顕在的夢内容との違いを引き起こしたのは、この欲望なのです。ですから、夢の中の二番目の妻のところには娘を代入してよいでしょう。」

テレパシー的な内容は、「出産予定日よりも早く――ただしその間隔について報告者自身が動揺していることにも注意しなければならない――双子が生まれた」ということであるが、夢が本当に伝えたいこと、つまり父親が自分自身に対して言いたいこと、娘にも言いたいこと、そして世間に向かって本当は訴えたいことは、「娘こそ自分の妻である、そして娘から子どもが産まれた」、そのことに他ならない。テレパシーは、夢が言っていることそのものではなくて、伝えてはならないはずのことを夢が伝えるための、乗り物になっていると見なされうるのである。テレパシーは、伝承や民話に保存されている象徴の類と同じく、検閲を潜り抜けるために夢に許されている道の一つなのである。

フロイトが頭からテレパシーと言われるものを考察から外していたというわけではないことははっきりしている。現在のドイツ語版『フロイト全集』とは別に、フロイトの生前に、『フロイト著作集成』が編まれたことがある。その際、現在『夢解釈（夢判断）』として出ているものをどのように扱うかが大問題となった。この著作は、初版の後、増訂に次ぐ増訂で、すっかり形が変わってしまっていたからである。そこで、初版はそのまま収録し、初版以後の増訂部分は別巻にしようという案が出された。その際、フロイトが一九二五年に新たに加えようとして、周りの反対に遭った部分がある。それがテレパシーに関わる部分で、先に触れておいたように、科学としての精神分析に対する誤解を招くからというのがその理由であった。フロイトはそこで確かに、一読するとテレパシーを認めていると取られるかもしれないような書き方をしているのである。そこを引用する。[11]

「夢のオカルト的意味」：「問題の重要性と奇譚性と曖昧さに鑑みて、慎重さが要求されるところではあるが、私はテレパシー問題についての次のような考察をもはや出し惜しみするわけには行くまい。次のような範囲で、テレパシーは夢に関係しているのである。もしテレパシー・メッセージのようなものが本当にあるのだとすれば、それが睡眠の間に誰かに届いて、夢の中でその誰かの知るところとなるという可能性は除外できないことになる。実際、さらに次のような可能性もある。つまり、知覚による素材や知的な素材にして

11　Freud, S.: Zusatz zum XIV. Bande: Einige Nachträge zum Ganzen der Traumdeutung.（1925）. *G. W.* I, 559–575.（*S.E.*, XIX, 135–138、未邦訳）

もそうなのだが、昼の間に受け取られたテレパシー・メッセージは、その次の夜に見られた夢において、初めてちゃんと処理されるということである。そうであれば、テレパシーで伝えられた素材が他のいかなる素材とも同じように、夢の中で手直しされ変形されているとしても、そこには何ら矛盾した点は認められない。精神分析の助けを借りて、テレパシーについてより進んだ信頼できる知が得られるとしたら喜ばしいことであろう。」

周囲の懐疑にもかかわらず、フロイトはテレパシーへの関心を捨てず、一九三三年、「続精神分析入門講義第30講・夢と心霊術」[12]において、再びあの男性の夢を取り上げて考察した。それをわれわれなりにまとめればおよそ次のようになる。①まず、テレパシー情報が実在すると仮定する。②それが睡眠中に入ってくる。③そうすると夢は、無意識の欲望を呼び出す。④夢工作（夢作業）によって、無意識の欲望は、テレパシー情報を身に纏いつけ、それを顕在内容として、自己を成就する。

この説明には矛盾はないが、神秘化もない。すなわち、精神分析によってテレパシーの実在性は否定されないが、だからといってテレパシー情報の実在性は証明されるわけではない。つまりその実在性は肯定されたわけでもなく否定されたわけでもない。そこで、フロイトは、夢とテレパシーの関係について、差し当たってそれらは別々のものであると結論し、テレパシーの実在については、自分は「知らない」（判断を控える）という立場を取ったのである。

テレパシーか無意識の欲望か

しかし他方で、フロイトの論の著しい特徴は、「無意識の欲望」に強大な力を認めていることである。無意識の欲望が、「テレパシー」という出来合いの観念を利用して、夢の聞き手に、自分を認めさせるのである。振り返ってみよう。最初の事例の三七歳の女性の場合、「お母さん、お母さん」と呼びかける弟の声を聞いたという。これを「テレパシー」であると捉える聞き手が存在していれば、語り手は、「自分が弟からお母さんと呼ばれたのだ、だから私は弟の母だ」という無意識の欲望を、誰かに認めてもらったことになる。同様に、男性の事例の場合、「私の二番目の妻に双子が生まれた」という夢がテレパシーであると捉える夢の聞き手が存在していれば、この夢の語り手は、「私の二番目の妻は私の娘である」という「原父」的な無意

12　フロイト「続精神分析入門：第30講　夢と心霊術」懸田克躬・高橋義孝訳『フロイト著作集1』人文書院、一九七一年。

識の欲望を、誰かに認めてもらったことになる。

すなわち、無意識の欲望を互いに認め合うために、人々はテレパシーという概念装置を作っておいたのである。伝わるのは、認められるのは、実現するのは、——無意識の欲望である。無意識の欲望というのは、幼年期に抑圧されて、それでも回帰しようとしているエディプスコンプレクスである。幼年期から伝達されてくる欲望を、夢というメディアが現在のわれわれに伝える。検閲を潜り抜けるために、「これはテレパシーなので、ちょっと通してください」とそれは言う。オカルト好きなわれわれの心は、つい気がゆるんで、それを通してしまう。このような仕組みで、テレパシーは人間心理にとって有益なものとして存続できる。

だがテレパシーは単にエディプスコンプレクスの外装であるというわけではない。テレパシーを認められれば、エディプスコンプレクスそれ自身もまた認めてもらったことになる。テレパシーは、常に既に行き渡っているユビキタスな知を代表する。エディプスコンプレクスの主体は、実はこの知の主体と同じものなのではないかと考えるべき理由がある。それは、「エディプスコンプレクスとはシニフィアンの導入である」というラカンの言葉に集約されているように、エディプスの全能性は、言語を話すようになった主体の全能性と重なっているからである。エディプスが言語活動のすべてを支配する主体の名前であるならば、彼はユビキタスな知の主体にもなりうるはずだ。エディプスコンプレクスは、たくさんある外装の中から気まぐれにテレパシーを選んだのではなく、近親性を理由として選んだのである。

この場合でも、夢そのものだけでなく、「夢を語ること」が何よりも大切になる。夢が語られ、認められなければ、わざわざテレパシーを外装にする意味はない。夢を見ている時点においてすでに、人は、「これをテレパシーによる夢として、起きたらこれを人に語ろう」と考えて夢を見ているに違いない。

フロイトの論を臨床的に捉えて、次のように考えておこう。テレパシー概念の元基になっているのは、おそらく発達初期に獲得される原初的な言葉の万能性である。言語を現実に即して限定的に自己使用していると意識する主体が成立してくるのは、その万能性の否定としてである。客観的な認識主体は、自律的に発達するのではなく、言語的万能を、否定の対象として、あるいは通過点として必要とする。そして客観的な認識主体の成立の後は、言語の万能は抑圧され、不気味なものへと変質する。

ところが、言葉の万能性は回帰する。すなわち言葉の過大評価が再び起こる。過大評価された言葉は、客観的認識の言語から見ると一種の超言語、すなわちテレパシーとなり、その無限速度と遍在性を栄養源としてさまざまなファンタジーが作られる。そういえばある種のファンタジー小説には、最終的にすべてを見通しているユビキタスな主体が登場しがちである。

臨床的にテレパシーを扱うに際しては、「今ここで関係性の下で語られることによって、初めてそれは現実性を獲得している」のだという見方を導入し（ここに中世の夢解きの実践の鍵もある）、「語り合うことの外側にはテレパシーはない」ということを明確化することが良いと思う。テレパシーは、今ここでの転移関係の中で、必ず何かを主張している。その主張は、フロイトの挙げた例のように、幼児期の無意識の欲望の成就である。したがって、患者の無意識の欲望が、現在の治療者‐患者関係を舞台として成就しているということに注意を払わなければならない。テレパシーが表に出てきたときは、テレパシーの実在については、知らない、と言うしかないとしても、フロイトが述べていたように、無意識の欲望がエディプスコンプレクスという普遍的な構造を持っているとすれば、無意識の欲望が治療者と患者の双方の内に再活性化されているときには、その状況はテレパシーの発生と、きわめてよく似てくることになる。

夢の解釈による主体の生成

そこで、中世日本の事例を、フロイト的視点から臨床的に見てみることにする。前章で紹介されている「参籠通夜」の事例の一つである、石清水八幡における話を思い出してみよう。

都のある家で、養女が養父と懇ろになってしまい、嫉妬した養母は、石清水八幡で養女を呪詛する。養母の隣で参籠通夜に来ていた僧の夢の中に、神々が現れる。「中柱を断つ」ことが決まり、神は鏑矢を都に向かって放つ。鏑矢の大きな音で目を覚ました僧は、隣にいた養母に、心当たりがないか尋ねる。僧の夢が自分の呪詛への返答だと即座に悟った養母は急ぎ帰路に就くが、その家の「中柱」である養父は落命していた、養女と養母は揃って尼になった。

この話では、神からのメッセージが直接当人に届かずに、隣の僧に届く。明らかに、「夢を見る」だけでは夢と個人との間には関係は成立していない。僧が夢を「語り」、養母がその夢が自分のためのものだと「分かった」ときに、はじめて夢が有効に働く。夢を「見る」こと、それを「語る」こと、そしてそれを「分かる」「解る」あるいは「解く」ことが、密接に関係しあって一つの意味を成立させている。

石清水八幡における「参籠通夜」の空間が、人々の欲望の集まった空間であることに注意しておきたい。たしかに、すべてが行われた後では、夢が別の人に届いたように見える。しかし、順序立てて考えると次のようになるのではないか。まず、僧と養母は他人同士だから、僧は養母の背景を十分には知らない（呪詛の文句が多少は耳に入っていたかもしれないが）。僧が見たのは、神が鏑矢を放って自分が目覚める、というだけの夢だったのではないだろうか。僧がエディプスコンプレクスを持っていたとすれば、自分の父に殺意を持っていたか、あるいはその反動で父の身を心配していたはずである。

すなわち、自分の父に向かって神罰が下るという欲望成就の夢を、この僧が見たと仮定しよう。その夢語りを聞いた養母は、それを自分の身に引きつけて「解釈」したのである。養母の立場も、十分にエディプス的である。正確にはエディプスコンプレクスを半ば実現させているのは養女であるが、養母がこのコンプレクスの活動する圏内にいたことは間違いない。僧と養母は、同じコンプレクスの圧力の許にあって、同様の状況を夢で展開する条件は熟していたのである。

「中柱」という言葉にしても、それが「一家の支え」を意味するということは、おそらくこの文書が成立した時点ですでに「解釈」であって、辞書的に決まっていたというわけでもなさそうである。他人の夢が自分の夢であると解るという心の動きは、主体の「解釈」を媒介にして決定的なものになったのである。

「夢は、言うまでもなくたいへん個人的なものである。しかしそれは、話すという活動を通してゆかないと、その存在を危ぶまれるようなところがあって、個人の所有物として確保しておくことができるのかどうかはそれほどはっきりしていない。話された夢とそれに対する解釈とが合わせられて、夢は初めて夢らしさを発揮する。」言い換えれば、夢を語る人と、それに合わせて話をする人がいて、「両者の話がうまくつながり合ったときに、夢の持つ力が真に解放される」[13]のである。

この事例は、こうした夢の力の解放の場面の優れた例である。単に養母を都に帰らせただけではなく、彼女と養女とを出家までさせた夢の力は、奇妙なことに、他人の夢に対する「解釈」に基づいている。むしろ、他人に生じた夢を「解釈」して、自己に向けられたものへと変えた、そしてその変化の成就とともに、この女性の中で決断が生じた、と考えるべきであろう。

夢を語る人と、それを聞く人との間に、「解釈」という言語的作業があり、その作業が、人

13 新宮一成『無意識の組曲』岩波書店、一九九七年。

を行動へと導く、それが夢の力であり、エディプスの効果であり、そして好んで「テレパシー」と呼ばれてきたものの内面である。人間の言語活動というものに秘められた無限の「解釈」の可能性が保証されることは、人間が人と人との間で歴史を紡いでゆく上で、これからも要請されるだろう。

言語活動の中で「解釈」を行うことを通じて、私の主体性は実現する。言語とともに私は在り、そして言語が在る限り、私も在るだろう。ちょうどあの養母の決断が、今度はわれわれに「解釈」されて読まれたようにである。それが、夢におけるエディプスの欲望であり、テレパシーの願いである。それらは、言語もやがて消滅するであろうということを、考えに入れてはいない。解釈の一瞬の閃きのうちに言語の永遠が示現され、欲望の主体はその中で再生産されてやまないだろう。

III

夢語りとテレパシー

1. オカルト映画と現代の夢語り

中世日本では夢は半ば公共のものとして語られていた。個人の夢のように見えても、実は世の中の人達のためにある個人が代表してその夢を見たという場合もあれば、その夢が実は他の個人が見るはずの夢だったということもありえたのであった。自分の夢であって自分の夢ではなく、他人の夢であって他人の夢ではない。中世ではそのような夢の共有化が普通に行われていたのである。しかし、現代では夢は際立って個人的なものであることが常識となっている。夢を語る場所も限られ、夢はもはや日常生活で重視されるような情報源ではなくなったかのように見える。唯一、現代で夢語りが実践されている場所は臨床的な治療を実践する場、つまり「カウンセリング室」であるが、実は精神療法の中でも夢語り・夢分析は主流とは言い難い状況にある。

現代の精神療法は精神分析各流派はもちろんのこと、それ以外の精神療法（ユングの分析心理学やロジャース派に代表されるカウンセリング一般）も直接・間接的にフロイトを経由して成

江戸の判じ絵（岩崎均史『江戸の判じ絵』小学館、2004より）

立してきた過程がある。[1] それにもかかわらず、日本の精神療法において夢語り・夢分析が実践され難いのは誠に不思議なことである。では、現代において夢は本当に語られなくなってしまったのであろうか？

確かに夢自体が公に語られることが少なくなったのは事実である。しかし、フロイトの言うように夢を判じ絵[2]のようなものとしてみれば、夢は映画という娯楽絵の形をとって商業的な流通と結びつきながら現代においても世界を駆け巡っていると言えるかもしれない。夢と映画との共通性は夢解釈技法の中にも表されている。ストレイチーによれば夢の中の夢は夢見る者にとっての心理的な現実を表しているのだが、[3] 夢の中のスクリーンも夢の中の夢と同様の象徴的意味を持っていると言われている。[4]

スクリーンという言葉には二つの意味が含まれている。それは光を遮蔽するものであると同時に光を反射し、映し出すものである。フロイトは幼少期の非常に重要な体験や無意識的幻想が、鮮明かつ無意味に見える記憶の中に表されていることを見出し、それをスクリーン・メモリー（遮蔽想起）と名付けた。フロイトはこれらの想起された像の中には、患者にとって「真に本質的なもののすべて」が映し出されていると同時に隠されていると考えたのである。そのため精神分析ではその想起の隠された内容を明らかにすることが患者の分析を進めていく上で

1 ロジャースのクライアント中心療法はフロイトの弟子であったオットー・ランクの影響を強く受けて成立したものである。（cf. R. Kramer, The Birth of Client-Centered Therapy : Carl Rogers, Otto Rank, and “The Beyond” *Journal of Humanistic Psychology*, Vol.35. No.4. 1995）

2 岩崎均史『江戸の判じ絵』（小学館）より。この判じ絵は江戸の名所を絵で表わしたものである。たとえば人の肩にコマが乗っている絵は「駒形」（浅草の浅草寺近くの地名で、安藤広重の名所江戸百景に「駒形堂吾嬬橋」がある）を意味している。

3 A. S. Strachey, “Analysis of a dream of doubt and conflict” *International Journal of Psychoanalysis*, 3, 1922, pp.154-162.

4 W. Abse, “The Dream Screen : Phenomenon and Noumenon” *Psychoanalytic Quarterly*, 46, 1977, pp.256-286.

必要不可欠な作業とされている。夢の中の夢は、夢を見ている者に「結局、これは夢にすぎない」という防衛的な思考を許すものだが、裏を返せばそのことは夢の中の夢が個人に防衛的な反応を起こさせるほどに情動的負荷を担わされたものだということになる。同様に、夢の中のスクリーンも、たとえそれが夢の中の顕在内容としてであっても、やはり個人にとって「直接的」には受け入れられないような幼児期の記憶や無意識的幻想を、スクリーンへの投射という形で「間接的」に表しているのだと考えられる。夢の中の夢も夢の中のスクリーンも、個人にとって心理的に重要な意味を持った何かを表しているのである。

本章では夢語りとテレパシーの関係を論じる予定であるが、恐らく皆さんには夢よりもむしろシネマ・スクリーン、つまり映画とテレパシーとの関係の方が馴染み深いのではないだろうか。特にここ数年の映画界はオカルトブームであり、超能力を題材にした映画がいくつも製作されている。その中でも代表的なものは鈴木光司の小説を映画化した『リング』であろう。ご存知の方も多いと思うが、『リング』は明治時代末期に実際に起こった「千里眼事件」をヒントにした作品である。

千里眼事件とは、明治四三〜四四年に御船千鶴子と長尾郁子という当時「超能力」を持つとされた二人の女性を巡った騒動である。彼女らの超能力の真偽を科学的に解明するために、東京帝大や京都帝大の教員や学生が何度も実験を行い、その様子[5]は当時マスメディアに大々的に取り上げられたのであった。『千里眼事件』の著者である長山はこの事件を調べ終えた感想をこう述べている。「千里眼は新聞報道によって一気に広がり、たちまちのうちに消費され、噂とともに消え去った。火をつけたのも消したのもメディアだった[6]」。

しかし、明治末期に起こったこのオカルトブームは、それで消えてしまったわけではない。時宜を得ては再び地表へと現れ、一瞬の内に世の中を駆け抜けて消えていくことを繰り返した。明治以降も連綿と流れるオカルトブームの伏流の存在は『リング』の大ヒットからも推察できることである。

明治末期の千里眼事件で主役となる二人の女性が、「超能力」を得るにあたって、それぞれ心理的に親密な関係にあった男性から催眠術を施されたことがきっかけになっているのは興味深い。千里眼事件に先駆けること十年、西洋ではフロイトが『夢解釈』(一九〇〇)を出版し

5　主に封筒や箱の中に入れたものが何であるかを言い当てる透視力。その中には人体を透視してその人の内臓疾患を言い当てるというものも含まれていた。

6　長山靖生『千里眼事件』平凡社新書、二〇〇五、二〇二頁。

ている。そこでフロイトは夢解釈という「無意識への王道」を発見したのであるが、そもそも彼が無意識研究の足がかりとしたのは、当時フランスで流行していた催眠術の研究であった。フロイトは催眠術の研究に触発されながらも、催眠術による治療は一時的なものに過ぎず、症状の永続的な治癒は催眠術者による催眠誘導によっては導かれないことに気が付いた。そこでフロイトが考えた無意識の活動を調べるための手段が自由連想法と夢分析であった。千里眼事件では催眠術が彼女達の潜在的な「能力」を開眼させたと考える向きもあったようだが、精神分析を当てはめてみれば、催眠術によって開眼されたものは、二人の女性の潜在能力ではなく、むしろ潜在的な欲望だったはずである。

だからと言ってフロイトがオカルトに背を向けたわけではない。そもそも精神分析が着手した領域は十九世紀末にはまだ神秘思想の射程内に収められていたのであり、まさにフロイトはそうした様々な先入観や偏見の中から夢や無意識を注意深く学問的な領域へと取り出したのであった。その経験を踏まえ、彼はそれと同じやり方で神秘思想や心霊術への小道を歩こうとする。とはいえ、心霊術は行われる条件が厳しく限定され、常に秘儀という形を取るため、その他の科学的実験と同様に心霊術を実験対象として扱うことは難しい。心霊術は密室や外部から隔てられた暗い部屋で行われ、心霊術を信じていない者を排除しようとする傾向がある。心霊術を行うためにはそうした様々な環境設定（演出）が不可欠だとされるが、それによって神秘的な現象の「実在的核心」についての科学的観察は大いに阻害されてしまうことになる。こうした問題を解決する手掛かりにフロイトは夢を扱うことを提案する。[7]

精神分析領域でテレパシー的な夢を研究題材として取り上げた先駆けはシュテーケルである。彼は一九二〇年に『テレパシー夢』という本を出版している。[8] シルバーマンによれば、前章で説明されていたフロイト自身の論文を含めてこれまでテレパシーや思考転移を主題にした精神分析的な研究論文は一九八八年の時点で三〇本前後ある。[9] しかし、テレパシー夢に関する精神分析的研究の大半は、テレパシー夢の実在を否定するにも肯定するにも至っていない。

これらの研究の多くは患者の見たテレパシー的な夢を素材にした論文であるが、ストラー[10]の

7 ジグムント・フロイト『精神分析入門　下』高橋義孝他訳、新潮文庫、一九七七、二六四頁。
8 シュテーケルはテレパシー夢が実在するという信念を抱いていた。cf. W. Stekel, *Der Telepathische Traum*, Johannes Baum, Berlin, 1920.
9 S. Silverman, 'Correspondences and Thought-Transference during Psychoanalysis' *Journal of the American Academy of Psychoanalysis*, 16, 1988, pp.269-294.
10 ストラーは精神分析家であったという以上にジェンダー概念を最初に使用した研究者として知られた人物である。一九六八年に出版されたセクシャリティとジェンダーに関する彼の研究は、日本でも『性と性別』として一九七三年に翻訳されている。

ように自らの夢をテレパシー夢の研究の材料にした研究者もいた。ストラーのこの研究は、彼の死後、シルバーマンによって発表されている。[11] 生前、ストラーはこの研究の発表機会を窺ったが、彼の経歴に傷が付くという理由から、スーパーバイザーであったグリーンソンに発表を控えるよう忠告されていたのであった。フロイトは「人間の精神はすべて本能的に精神分析を敵視し、逆にオカルト的な思想には強力なしかしはっきりしない共感を寄せている[12]」と述べているが、精神分析の中でもオカルト的な現象を扱うことは、精神分析の学問としての独立性を脅かす事態として意識的・無意識的に避けられる傾向にあったと言える。

ストラーは一九六〇年当時、グリーンソンにスーパーバイズを受けていた。ある土曜日の晩にサン・フランシスコで医学生をしているグリーンソンの息子が、サン・フランシスコでバイク事故を起こし左足を複雑骨折するという出来事が起こった。そして丁度その夜にストラーは次のような夢を見る。

私はサン・フランシスコ病院の救急部署に再び戻っている。そこは四〇年代に私が医学生の時に、またインターンとして働いていた場所である。その後何年か経っているが、部署の様子はもし私が目覚めていても夢と同じように思い出したであろうほどに歪曲のないものであった。そこのスタッフ達は医学生を運び込んでいた。スタッフによると、彼は左足を複雑骨折していた。

ストラーはグリーンソンの息子（ダニー）のことは以前から直接知っていた。しかし、夢を見た夜にダニーがバイク事故を起こしていたことなどは知る由もない。グリーンソンによれば、ダニーがバイクに乗ることも希なのであった。翌週火曜日のスーパービジョンで、ストラーはダニーがサン・フランシスコでバイク事故を起こして左足を複雑骨折したことを知り、青ざめた。後にストラーはグリーンソンから指摘を受けて、自分がグリーンソンの息子になりたい（取って代わりたい）という欲望を持っていたことを理解することになるのである。

グリーンソンの息子になりたいという欲望の裏づけは別の観点からも可能である。ストラーの母親の旧姓はGreeneだったのであるが、かつてこの母がグリーンソンに会った時、ストラ

11 E. L. Mayer, 'On "Telepathic Dreams?" An Unpublished Paper by Robert J. Stoller,' *Journal of the American Psychoanalytic Association*. 49. 2001. pp.629-657.

12 ジグムント・フロイト『夢と夢解釈』金森誠也訳、講談社学術文庫、二〇〇一、一九四頁。

ーにこう言ったのであった。「グリーンソンさんは私の父にそっくりだわ」。そのことを思い出しながら、ストラーは「私はある意味で Green の息子（son）である」と述べている。

これらのことからストラーの夢の内容が彼のエディプス欲望の成就であったことが理解される。しかし、グリーンソンの息子が事故を起こしたその夜にストラーがこの夢を見ていたことはどう説明すればいいだろうか？　ストラーもシルバーマンもこの疑問には答えていない。

いわゆる「テレパシー夢」や「思考転移」の研究を概観すると、その発生メカニズムの説明はおおよそ二つに分かれているようである。一つは母子関係のコミュニケーションを参照するものである。つまり、母子の間には非言語的・超感覚的なコミュニケーションが成立しており、それに類似した情報伝達の在り方が存在しているのではないかというものである。[13]しかしこの説明はテレパシー的な現象を乳幼児期にスライドさせただけで、発生メカニズムの説明になっているとは言い難い。もう一つの説明は、ある人物（大概は治療者）に抑圧された思考がある場合に、治療者自身は意識できていなくても患者が治療者の抑圧された思考内容を語っているというものである。[14]特に患者の無意識に治療者と質的に類似した観念が存在している場合に、このような現象が起こると考えられている。[15]

フロイトはこの抑圧された思考内容に一つの共通点が見出せると考えていたように思われる。彼はテレパシー的な現象が「エディプスコンプレクスの領域に属する興奮と結びついている」[16]と述べている。フロイトはテレパシーの現実性をはっきりと否定するわけではない。しかし、彼はテレパシー現象を夢理論の反論にはなるが、それでも夢理論と矛盾するものではないと考えていたのであった。

このようにテレパシーの存在の有無については肯定的な意見も否定的な意見もある。シュテーケルが言うような「テレパシー夢」はテレパシーの実在を前提とした言い方である。しかし、テレパシーの実在に関しては様々な態度があるため、まずはこれら様々な立場を考慮した上で、当面、テレパシー夢を括弧付きの「テレパシー的」な夢と書くことにしておきたい。

では、これらの疑問とヒントを念頭に置きながら、ここからは筆者が経験した「テレパシー

13　G. Róheim, Telepathy in a Dream, *The Psychoanalytic Quarterly*, 1 : pp.277-292, D. T. Burlingham, Child analysis and the mother, *The PsychoanalyticQuarterly*, 5, 1935, pp.69-92.

14　J. Eisenbud, Telepathy and problems of psychoanalysis. *The Psychoanalytic Quarterly*, 15, 1946, pp.32-87.

15　S. Silverman, Correspondences and Thought-Transference During Psychoanalysis, *Journal of the American Academy of Psychoanalysis*, 16, 1988, pp.269-294

16　ジグムント・フロイト『フロイト全集　17』須藤訓任他訳、岩波書店、二〇〇六、一九〇頁。

的」な夢の事例分析へと入って行くことにしたいと思う。

2.「テレパシー的」な夢事例の検討

ここでは筆者が経験した「テレパシー的」な夢の内容を見ていくことにしたい。まず以下に二種類の「テレパシー的」な夢現象を示す。事例1は筆者とクライアントとの間に生じたものであり、事例2は二人のクライアント同士の夢に見られたものである。

夢の「テレパシー的」な側面

【事例1】次の夢はX年4月15日と22日のカウンセリングで女性のクライアント（A）によって報告された夢である。

（X年4月15日のカウンセリングでの報告）

夢（断片）

足下は線路で、後ろに山。実家の目の前。私は線路に立っていて、水が顔の七割まである。線路に塀があるわけでもないのに、水は線路から漏れていない。その私を私が道路側から見て、『どういうことだろうか？』と考えていた。

夢（7割は忘れた）

お腹の中にいるのが息子だというのが見えていて、「この子をおろそうと思う」と誰かに私が言っている。

（X年4月22日のカウンセリングでの報告）

夢

「溺れている人を助けるのはこうやるんだ」と長島一茂[17]が言いながら、人を助けていた。

Aは学童期の息子を持つ主婦である。Aは夢を多く報告するクライアントで、これまでも妊娠や出産を象徴的に表した夢はカウンセリングの中でいくつも語られていた。その点から言う

17　元プロ野球選手で現在はスポーツキャスターとして活躍している。長嶋茂雄の長男。

と、仮にこの夢が一般的な象徴表現を用いた妊娠・出産夢であったならば、それほど特別な印象を筆者に与えることはなかったかもしれない。Aのこの夢を聞いたときに筆者が非常に強い印象を受けた理由の一つは、恐らくこの夢の妊娠イメージの鮮明さにあったと思われる。この夢でAは自分が妊娠しているイメージをそのまま夢の中に見ているが、このようなイメージはAの一連の夢報告においては初めてのことであった。またAのこの夢が印象深かったもう一つの理由は、筆者がまさにこの時期に私生活上で憂慮していた事柄にあった。

この時期、筆者の妻は妊娠8カ月に入っていたが、X年4月初旬に胎児（女児）が胎児水腫という状態に陥っていることが判明した。胎児がこの病状に陥った原因は胎児の胸腔内に水が溜まる胎児胸水という病気にあった。胎児水腫は過去のデータから見ても死亡率が高く、胸水貯留の原因や処置方法の如何によっては出生できたとしても重度の後遺症が残る可能性も考えられた。このような状況で、4月初旬から中旬にかけて、筆者は子どものことをずっと考えていた。「助かるかどうか」ということももちろん心配であったが、それと同時に胸水貯留の原因もわからない状態で、病院の勧めるままに「積極的に助けるべきなのかどうか」ということも筆者の中で問題となっていたことであった。

筆者の側の時間的な流れとAの夢との対応関係を見てみると、筆者の子供が胎児水腫と診断されたのがX年4月5日、胎児治療を行なったのが4月14日であった。それに対してAは4月15日のカウンセリングで「この子をおろうそうと思う」という夢を報告し、翌週のカウンセリングでは「溺れている人を助けるのはこうやるんだ」という夢を語っている。一見、時間的なずれがあるように見えるが、Aが4月15日に報告した夢は15日よりも以前に見られた夢である。Aは夢の正確な日付は記憶していなかったが、この夢が見られた時期は筆者の子供が胎児水腫と診断され、胎児治療を決意するまでの時期とほぼ重なっていたものと考えられる。また溺れた人を助ける夢が見られたのは、4月15日のカウンセリングでAが筆者と会った後であり、その夢の内容はあたかも15日のカウンセリングの時に何らかの方法によってAが筆者から胎児治療のことを伝え知ったかのように筆者には思われたのである。つまり、妊娠、堕胎、救出がテーマになっているAのこの一連の夢を聞いた時、その内容の具体性とタイミングから、水は羊水と同時に胎児水腫・胎児胸水の水を、堕胎は胎児を「助けない」という選択を、救出

18 胎児治療とは胎内にいる胎児に対して直接行なう治療のことを言う。筆者の子供に対して行なわれた胎児治療は、羊水腔と胎児の胸腔とをシャントチューブで繋ぐ「胸腔―羊水腔シャントチューブ留置術」であった。

は胎児に施した胎児治療を筆者の中に強く喚起させたのであった。

【事例2】次に抑うつ神経症の女性クライアント（B）と強迫神経症の女性クライアント（C）とがお互いの夢内容を知っていたかのような夢が同時期（Y[19]年12月16〜18日の間）に出現した事例を報告する。この時期は治療者（筆者）に対して双方が強い転移性恋愛感情を向けていた時期であった。ここではまずBとCの夢を続けて見て頂くことにしたい。

Bの夢

夢（12月16日）

私は妊婦？　何かの病院に入院している（産科ではない）。私は妹に付き添われていて、途中で破水した。だから妊婦だと思った。

時間が経って、三歳ぐらいの男の子がいる。病院の育児室のようなところには遊び道具があまりないが、私と妹で専用の道具がなくても同じぐらいに楽しめることをその子に教えている。床は破水してからかなり時間が経っているが、まだ濡れている。

夢の追想：この夢を見て起きて、「私はやっぱり流されないぞ（彼と別れる決心を彼や彼の母親が考え直させようとしていること）」と思った。

Cの夢

夢（12月18日）

クリニック（ここのクリニックではない）。18時少し前。カウンセリングルームから先生とBさんが出てくる。Bさんが清算を済ませる間、私は待っている。Bさんは受付の人と「何もないからかえって困る（先生とBさんの関係？）」と話している。

先生とBさんの間に抱っこされている赤ちゃんがいる。赤ちゃんは誰か（他人）の子。Bさんは冗談で「私がママで先生がパパよ（Bさんの願望？）」と言う。先生は（冗談で言っているのがわかっているので）普通の顔して聞いている。

私は（いつものように）、受付の人から「もう少しお待ちください」と言われる。先生はBさんと別れて戻ってくる。私は先生の後についてカウンセリングルームに入る。

19　Y年はX年の五年前である。

場面が少し変わる。

Bさんは私の先生に対する気持ちに気付いているので、先生に何かを聞いてあげようとしている。「Cさんも気になると思うから」と言われ、私は心のうちを知られているんだと焦るが、先生とは何もないからこういう風に言っているんだ、と思う。私はBさんの言動に対して「えっ?」という思いを持ちながら心の中では何もないのがわかって内心ホッとしているが、平然と対応している。しかし……となると、Bさんも自然を装っているのではないか、と思う。

この二人の夢の中で12月16日〜18日という短期間の内にあたかも二人によって共有されていたかのように見えるテーマは明らかであろう。Bは12月16日の夢で子供を妊娠・出産し、Cは12月18日の夢でBが子供を出産した夢を見ているのである。BとCには生活史上の接点はなく、唯一二人が顔を合わせる場所がクリニックの待ち合いであったが、そこで二人が会話を交わすようなことはそれまで一度もなかった。またカウンセリングの中でも、この二人がお互いに会って話をしたことがあるという内容が語られたこともなかったのである。従って、この両者が意識的・言語的にコミュニケーションを取る機会は存在しなかったと言ってよく、ましてや日常場面でお互いの夢を語り合うという状況は到底考えられないことであった。

この両者の夢の「テレパシー的」な側面は主にBが子供を妊娠・出産する夢を見たことをCが知っていたかのように見えるところにある。二人の夢が見られた時間的な流れからすると、二つの夢を並べてみた時の印象は、Bがこの夢を見た後にCがその内容を受けて2日後に夢を見たかのように感じられる。このようにCは夢の中にはっきりとBを登場させているが、BはCのことを夢の中に登場させているわけではない。そのため、Bの夢の方は単なる偶然で見られていた可能性も考えられなくはない。しかし、仮にそう考えたとすると、12月17日に見られたBの次の夢はどのように理解したらよいのであろうか？

Bの夢

夢（12月17日）

モータースポーツを大勢の人と習っている。チンプンカンプンだが、実技で偶然にすごい技ができてしまう。

インストラクターがいる。彼はある女の子に気に入られていて、その子に色々質問されているので、なかなか私の道具を選ぶ順が回ってこない。その女の子は私に嫉妬している。すごくいい技をできてしまって、余計に私に嫉妬している。私は順番を待っている。

この夢はBが妊娠・出産する先ほどの夢の翌日に見られたものである。Bのこの二つの夢が連続した夢だと考えれば、この夢で偶然にできてしまった「すごい技」というのは、Bが前日に夢の中で行なった出産を表していると見ることもできる。そう考えてみると、不思議なことに、Cの夢を既に知っている私たちはBのこの夢に登場するインストラクターが治療者で、Bに嫉妬している女の子はCのことだと「直感」してしまうのではないだろうか？　その理由はBのこの夢が私たちの目にCの夢内容と非常に類似して見えるからである。しかし、実際にはBの夢はCの夢よりも前に見られたものなのである。いや、このように時間的な前後を確認したくなること自体が、既に両者の夢内容を混同してしまっている証拠であろう。時間的な前後以前に、そもそもCもBもお互いに見た夢の内容を知るはずもなかったのである。

このように、「テレパシー的」な夢について考えるときに、夢を読む側が抱く特徴的な印象の一つは思考の混乱であろう。特に事例2のように二者の夢を見比べるとき、私達の思考は一層混乱の度を深めるように思われる。そのような状況に置かれたとき、私達はその現象を理解するために幾つかの判断を行おうとする。一つは「これは偶然に過ぎない」というものである。確かにこの仮説は私達の内的な混乱を鎮圧するには有効なものかもしれない。仮に私達が混乱を沈静化するという目的だけを目指すのであれば、この判断で十分であろう。しかしながら、ただ単に「これは偶然に過ぎない」と言ってみても、この判断の正当性を保証するものはどこにもない。従って、今の私達はあらゆる説明可能性を精査した上での最終的な結論として以外には、この判断を受け入れることはできないのである。

次に「実は二人はお互いのことを知っていたに違いない」という判断がありうるかもしれない。この判断の可能性は先に筆者が否定しておいたものであるが、それでも筆者の知らないところでお互いに知り合っていたのではないか、と考えることはできる。最近ならば携帯メールで夢の内容をやりとりするぐらいは造作もないことで、二人はどこかで知り合って夢の内容なども話し合うような関係だったのかもしれない、と。確かに筆者はこの仮定を完全に否定することはできない。しかし、だからと言ってこれが単なる仮定に過ぎないことを否定することもできないのである。このようにして私達が一つ一つ論理的に確証可能な判断の可能性を狭めていくと、行き着く先の一つとして「テレパシー的」な夢であるという仮説が取り上げられることになるのである。

事例1と2を見る限り、「テレパシー的」な夢が生じる際、夢のテーマは出産に関係するものばかりである。後ほどまた触れるつもりであるが、これらの夢はそれぞれのクライアントの心理的・幻想的背景の中に位置づけて解釈することも可能である。しかし、それらの夢内容は他者の現実レベルでのエピソードの転移という側面のみならず、他者の思考や幻想が夢に転移したと想定し得る部分がある。また、そのような現実エピソードや思考・幻想などの転移は双方に同時的に生じることがあるのだが、まさにこのような同時性があるからこそ、こうした「テレパシー的」な側面が目に止まるのだと言える。従って、この「同時性」をどのように理解するかが、「テレパシー的」な夢の謎を解く上で重要な位置を占めることになると思われるのである。

3.……人間に普遍的な「問い」とテレパシー的な夢との関係

今回、筆者が提示した夢はどれも出産をテーマとしていたが、これは単なる偶然で済ませられることであろうか？　それともこれはこの種の夢の一つの条件だと考えてよいであろうか？この問題を考える際にジョーンズの次の言葉は我々の道標になる。「人生の初期の観念は、象徴化されうる次のいつくかの観念だけであり——つまり、身体的な自己に関係したもの、家族との関係、誕生、愛、そして死——、それらの観念は無意識の中で人生を通じてそれら最初期の重要性を保ち続けている。そしてそれらの観念から意識的思考の二次的な関心の大部分が生じるのである。[20]」

通常、出産や誕生を表す夢の中での象徴は水にまつわるものが多い。水から出てくる、もしくは水に落ちるという夢はいずれも誕生を象徴した類型夢である。今回の夢では誕生は象徴としてではなくむしろそのものとして登場しているが、現実にはAは既に男児を産んでおり、BとCは妊娠も出産もしていないことを考えれば、これらの出産や誕生の夢が単に現在の現実的状況を表していないことは明らかである。これらの出産や誕生のテーマは無意識のどのような内容を表象しているのであろうか？

20　E. Jones, "Papers on Psycho-analysis," Maresfield Reprints, London, 1948, p.116.

フランスの精神分析家、ラカンは無意識の説明に次のような表現を用いている。「無意識はまず、いわば『生まれなかったもの』の領域に引っかかったままになっているなにものかとして私達の前に現れます」[21]。ラカンによればこの領域へとなにものかを流し出すのが抑圧の機能であり、それは「堕胎屋と辺土との関係」である。ここで彼が言う「堕胎屋」とはまさに抑圧のことであり、「辺土」とは抑圧されたものが置かれる領域を表している。

一見奇妙な言い方に聞えるが、ラカンがこのような表現を用いるのには理由がある。それは言語と人間存在との本質的な関係に由来しているのである。この問題を理解するためには次のような問いが有効であろう。それは「胎児は人であろうか？」という問いである。

この問いの答えは決して自明ではない。たとえば胎児の中絶を巡ってキリスト教文化圏で活発な宗教的議論が行われていることを見ても、このような問いは十分に倫理的な次元の問いであることがわかる。仮にこの問いを「胎児は母体の一部であろうか？」という形に変えてみれば、このような問いが女性の人権運動と結びつき、様々な社会的活動を喚起してきたことを思い出すであろう。また、刑法上、胎児は「人」としては認められておらず、「人になる過程の生命体」とされており、民法においても胎児の権利能力は認められていないのである。ただ、例外的に不法行為による損害賠償や相続・遺贈については生まれた後に遡及的に権利が発生することになっている。つまり、生まれることを前提条件として、胎児に権利能力が与えられるのであり、生まれなければ胎児の権利は事実上存在しなかったことになる。

我々は胎児の時点で自分の権利など主張することはない。そもそもこの「自分」というものが発生するのは、我々が象徴秩序の中に入り、言語的に「自分」を認識することができるようになってからである。これは民法において胎児の権利能力が誕生後遡及的に認められるのとよく似ている。胎児は誕生して法体系の中で「人」として承認されて初めて胎児時代の権利を実質的に得ることになる。しかし、その時には既に胎児は存在していない。

人間は言語的に胎児時代の自分について語ることが可能である。それは言葉がわかるようになってから、自分のエコー写真を見たり、録音しておいた胎児期の心音を改めて聞いてみればいいであろう。その時になって子供は胎児の自分をイメージの中で思い浮かべながら、それが「胎児の自分」であることを親から聞かされることで、「胎児の自分」のことを自ら語ることができるようになるだろう。しかし、そうした「胎児の自分」は決して胎児そのものであった

21 ジャック・ラカン『精神分析の四基本概念』小出浩之他訳、岩波書店、二〇〇〇、二八頁。

自分ではない。当然ながら我々は「胎児の自分」を直接見ることはできないのである。可能なのはただ「胎児の自分」について聞き、その言葉に基づいて自ら語ることだけである。従って「胎児の自分」について語っている自分は、「胎児の自分」を見ていた親や親戚ら「他者」の視点から語っていることになる。つまり、我々は自らの起源を「他者」の言葉を取り込み、「他者」の視点からしか語ることはできないのである。

ラカンはそのような、いわば「失われた自分」のことを「生まれなかったもの[22]」と呼んでいると考えてよい。この「失われた自分」は抑圧によって堕胎され、辺土という名の無意識領域へと流されることになる。ラカンは「問いに対する答えがないところには近づかないという防衛[23]」があると言っているが、これは「胎児の自分」が何ものであったかの答えを、「人」となった後に我々は決して知り得ないことを意味している。人間は言葉を話すが故に、「自分は何者か?」という回答不能な問いを抱えながら生きることを宿命付けられた生き物なのである。

しかし、無意識へと流されたものは、精神分析の過程の中で転移によって現勢化されることになる。転移とは、分析家が位置する「他者」の場の中に、患者の「失われた自分」が現れる現象のことである。今回筆者が提示したそれぞれの夢の中で「失われた自分」は出産や誕生の夢となって現れていると言える。

Aの夢が語られた時期に筆者が直面していた胎児治療の問題に関係して、筆者の中に葛藤が引き起こされた最大の原因は、医療と胎児との関係の中に筆者自身が見出した曖昧さにあったと言っていい。胎児自身は自分がどうなりたいかを語ることはない。筆者は胎児を直接見たことも、触れたこともなく、胎児が誕生した後に後遺症が残るのか残らないのか、残るとしたらどの程度のものなのかも不明確であった。それでも医療は筆者に胎児治療を行なうかどうかの選択を迫ってくる。そこで筆者が取るべき道は一つしかない。それは医療という「他者」に筆者自身が同一化し、医療と共に筆者自身が治療への欲望を持つことであった。そのために筆者は胎児の病状と胎児治療の現状を医学的に理解するための資料集めと、できる限りの情報収集に奔走した。

22 フロイトに最も信頼された弟子の一人であったオットー・ランクは、「生まれなかったもの」としての誕生の主題を別の角度から言い表している。「私は個体化という完全な誕生が不可能であることを表すつもりでいる。意識的意志を通じて盲目的な衝動から自己意識的な知への発展の全体的な流れは、常に誕生の継続的な結果と同等のものであり、再誕生、そして新たなる誕生に相当する。それは母親からの子供の誕生に始まり、全体から個人が誕生することを越えて、個人からの創造的な作品の誕生、そして最終的にその作品からの知の誕生へと至る」O. Rank. "*Truth and Reality*"[tranlated by J. Taft]. Norton Library. 1978, pp.11-12。ランクのこの記述は個人がいかに「発達」しようとも、常に「生まれ損ない続ける自己」を担い続ける宿命にあることをよく表している。

23 ジャック・ラカン『精神病 下』小出浩之他訳、岩波書店、一九八七、七五頁。

胎児治療を行い、子供が誕生し、その3カ月後に無事退院してから、筆者は一つの夢を見た。それは雷の鳴る薄暗い森の中、筆者が古びた木の箱を見つけ、その中からゴミのような何かを取り出し、それを研究室（筆者は何かの特例で一時的に医者になっていた）に持っていこうとする夢であった。

ここでゴミのような何かが胎児であることは明白である。この夢で筆者ははっきりと医師＝医療と同一化している。しかし、この夢にはもう一つの秘密がある。夢解釈上、古びた木箱は筆者の母親の子宮を表しているのである。だとすれば、このゴミのような何かは、筆者の子供を表していると同時に、筆者自身をも表していることになる。[24]

こうしてこの時期に筆者は胎児の治療問題に直面し、「失われた自分」を巡って激しく動揺しながら、医療と患者という治療関係の中で胎児の場所に見出されていた「失われた自分」への問いに答えようとしていたのであった。Aはまさにこのようなタイミングであの夢を報告したのである。筆者の目にはAの夢は妊娠・堕胎・胎児治療を暗示しているように映り、またそれは確かにある部分ではそのような夢であったと解釈できるものであった。だが、Aが見た夢で妊娠されていた子供は男の子であったことも見落としてはならない点であろう。

この夢を「テレパシー的」な夢として捉えた瞬間から、筆者にとって夢の細部の違いは重要なものではなくなっていた。その結果、筆者にはAの夢がまさに筆者自身の状況を映し出している夢に感じられたのであった。無論、それは筆者が男であるということも関係していたであろう。つまり、筆者はAの夢の中に、筆者にとっての「失われた自分」を発見したのであった。

Aの夢の中に筆者の個人的な状況との一致を見出したのは筆者自身である。医療と同一化しながら、筆者の中で「失われた自分」への問いが強く喚起されたとき、筆者はその問いをAによって語られた夢の中に発見したのである。しかし、Aもまたそのような問いを巡って症状を形成し、その解決を求めてクライアントとして治療を受けにやってきた主体であることを忘れてはならない。ならば、そこで筆者がAの夢の中に筆者の中で問われていたものと同様の問いを発見したとしても何ら不思議ではないのかもしれない。むしろ今回のようにある根源的な問いが個人の中で問われている場合は、常に同様の問いを他者の夢の中に発見し得るのだと言えないだろうか？

ここで、BとCによる「テレパシー的」な夢報告を再考してみることにしたい。まずBの抑

24 「失われた自分」のイメージは、象徴的な世界から捨てられたものとしてゴミのようなイメージで夢の中に現れることが多い。

うつ症状の原因であるが、これはBが生まれる前に死産だった子供にBが同一化した結果であった。死産だった子にBが同一化した理由は、Bが生まれたときに父親が「死んだ子が帰ってきた」と言ったことと関係していた。Bは父親の言葉通りに死産だった子に同一化し、「死んだ自分」であることを抑うつによって表していたのである。よって夢の中でBが産んでいた子供は、Bが同一化していたこの死産の子だと解釈することができる。

また、Cの強迫症状は「甥っ子がフッと地面の下に落ちていく感じがして、甥っ子の運命が気になって地面の下へ甥っ子を追いかけて行き、それをまた地面の上まで持ち上げるイメージをする」というものであった。Cは父親が亡くなったのをきっかけにこの奇妙なイメージを繰り返し行うようになっていたのだが、このイメージは死んだ父親の生まれ変わりをCが生み直そうと望んだ結果生じたものであった。イメージの中でCが甥っ子を使っていたのは、甥っ子が実際に父親の血を引いた存在だからである。しかし、Cが本当に望んでいたことは、C自身による産み直しによって父親を生き返らせることであった。このように二人のクライアントの症状は産むことや生まれることと関係していたため、出産が関係した二人の夢はそれぞれの症状や幻想に重ねて解釈することが可能である。

Cの夢に登場する子供は、夢の中では確かにBが抱えて出てきてはいるが、この夢をCの症状に則して理解してみれば、やはりこの子供はCが生み直したいと望んでいた父を表わしていたと考えることができる。そうだとすれば、Cの夢はそのままCの欲望成就となっていたはずである。

また、12月17日のBの夢には「すごくいい技」ができてしまったBに嫉妬している女の子が登場していたが、BとCのそれぞれが治療者へと転移性恋愛感情を向けていることを知っていた筆者は、この女の子をCとして理解したのであった。しかし、実際にはこの女の子をCと取らずとも、Bの妹とのライバル関係を想定するだけで十分である。

このように考えると、二人の夢は「テレパシー的」な夢を仮定しなくても、Bは自分の幻想をただ夢の中に表し、Cは死んだ父に対する幻想をBを用いて夢に描いたに過ぎないことになる。Cが夢の中でわざわざBを用いた理由は、Cの目にはBが治療者に対して恋愛感情を抱いているように映っていたからである。しかし、それはC自身の治療者への転移感情のBへの投影だったのである。そうだとすれば、筆者がCの夢を「テレパシー的」な夢だと感じたことは、筆者がCの顕在的な夢内容を筆者自身の幻想として取り込んだ結果だとは考えられないだろうか？

既に気付かれている方も多いと思うが、今回提示した「テレパシー的」な夢がどれも出産や誕生にまつわる夢である以外のもう一つの共通点は、どの夢も筆者が関与しているということである。無論、提示した「テレパシー的」な夢の日時や、Aの夢が語られた際に筆者が置かれていた現実状況、また夢を見た患者らの幻想内容などに間違いはない。従って、提示したそれぞれの夢には確かに「同時性」が見られ、思考転移が生じていると仮定するための条件は揃っていると言っていい。しかし、それでもこれらの夢を多くの夢の中から取り出し、「テレパシー的」な夢として認めたのが筆者である事実をここで除外するわけにはいかないであろう。つまり、BとCの夢では、筆者がBに対して抱いていた幻想をCが「テレパシー的」に夢の中で表している、と筆者が感じたということになるのではないだろうか。それはBに子供を産ませるという筆者自身の幻想である。そして、ここで我々は「テレパシー的」な現象が「エディプスコンプレクスの領域に属する興奮と結びついている」というフロイトの言葉に再び戻ることになる。

筆者が提示したBとCの夢のように、二人の患者の間に生じた「テレパシー的」な夢の報告はアイゼンバッドも行っている。[25] 彼の提示した二人の患者の夢はそれぞれ次のようなものであった。

夢1. じゃじゃ降りの雨の中、私は道を歩いている。そして隣人の家に行き着いたので、私はそこに避難させてもらうことにした。その家は宮殿らしき豪邸のようだった。そこの住民はとても上流階級っぽかったので私は入るのを少しためらったが、こんなどしゃ降りから避難したいと言っている私のことを拒むことはできないだろうと思った。私が中に入ったとき、服がびしょぬれで、水が滴っており、おまけにぼろぼろであることに気が付いた。

夢2. 私は古びた掘っ立て小屋に住んでいる。外はどしゃ降りの雨。何人かの隣人が雨の中、小屋へと入ってくる。彼らの中で、ただセルダXさんだけは特定することができた。彼女はどしゃ降りの中からやってきたにもかかわらず、まったく濡れておらず、完璧なほ

25 J. Eisenbud. The Dreams of Two Patients in Analysis Interpreted as a Telepathic Rêve À Deux *The Psychoanalytic Quarterly*, 16, 1947, pp.39-60.

ど優雅にドレスアップしていた。彼女は既に自分の持ち物をクリーニングに出していたので、着物は白く綺麗になっているのだと言う。また彼女は隣人と交互に順番を交代することを決めているので、もし洗濯物が配達された時に彼女が外出していても、隣人がそれを受け取っておいてくれるのだとかなんとか言っていた。

夢1と夢2は別々の患者のもので、夢2は夢1の二日後に見られた夢である。この二人の夢は一方が雨の中を隣家に避難させてもらう夢、他方が雨の中を避難してきた隣人に家を提供するという夢になっている。アイゼンバッドは二人の患者が同時期に見たこの二つの夢（家の中に「避難する夢」と「避難させる夢」）は、それぞれの夢を用いて相補的に解釈することができると述べ、この二人の夢の詳細な分析を行っている。

しかし、夢解釈の基本に立ち返るならば、人が家の中に入るところを表したこの二つの夢は、妊娠と関係させて解釈することもできるであろう。論文中、アイゼンバッドは「避難させる夢」を見た患者にアイゼンバッド自身の母親のネガティブな側面を同一視していたことを認めているが、この事実から彼が「避難する夢」の患者に対して母の胎内に入っていく自分自身を重ねていたことが読み取れる。つまり、アイゼンバッドが二人の夢を「テレパシー的」な夢として捉えた理由は、母の胎内に入って行く自分を二人の夢の中に見出したからだとも考えられるのである。そして我々はここにもまた妊娠を巡った「失われた自分」の主題を見出すことができるだろう。

それでは先のストラーの事故の夢はどうであろうか？　あの夢は妊娠や出産とは関係のない夢である。しかし、夢解釈の原則に従えば、事故は性交場面の象徴であり、足の複雑骨折は去勢を表したものと解釈できる。[26] つまりストラーの夢はグリーンソンの息子への同一化という側面を見なくても、エディプス欲望を巡った夢として十分理解できるものである。そしてストラーもまた夢の細部の問題を見落としている。あの夢でストラーはただ医学生が事故を起こした夢を見ただけであり、グリーンソンの息子が事故を起こした夢を見たわけではなかったのである。

これらのことを考え合わせると、実際にはグリーンソンの息子の事故の話を聞いた瞬間に、

26　私達のBの夢で登場したモータースポーツの「実技のすごい技」は、実生活上ではBの起こしたバイク事故に対応していたことを付記しておきたい。

ストラーによってあの夢は「テレパシー的」な夢として「解釈」されたと考えるのが妥当であろう。フロイトと同様に、やはり筆者の考えでは、恐らくこれが「テレパシー的」な夢に見られる「同時性」の秘密である。

エディプスコンプレクスとは、男児が父に同一化して母に子供を産ませようとし、女児が母に同一化して父の子供を産もうとする欲望を巡った幻想物語である。このとき父と同一化した男児が母に産ませようとしている子供はその男児自身であり、また女児が母と同一化して産む父の子供もやはり女児自身である。エディプスコンプレクスにおいて、男児も女児も親の側に立って子供としての自分を見ているのであるが、親の側から見られている子供としての自分自身こそが、「他者」の側から見た「失われた自分」なのだと言える。つまり、エディプスコンプレクスを巡る幻想が活発化しているときには、常に「失われた自分」への問いが喚起されているのである。そうした状況で妊娠の夢の中に胎児が登場したとしても、それは「失われた自分」を表す対象として夢の中で胎児のイメージが用いられているに過ぎない。夢を見ている者は既に言語という「他者」の世界の中におり、夢の表象世界の中で失われた対象としての自分と「出会う」ことになる。

「失われた自分」を巡って夢は常に問いを形成しているのであってみれば、「テレパシー的」な夢は何も特別な現象ではなくなるのではないだろうか。むしろ夢を「テレパシー的」なものとして捉え得る状況は、夢が語られる場所にはいくらでも存在していることになる。夢語りは「失われた自分」を巡る問いに対する人間の普遍的・言語的活動であり、それは個人を越えて、精神療法を越えて、他者たちとの語りの中で問いに対する何らかの答えを提起するための、あるいは問いに対する囲い込みを行うためのプロセスなのだと言えるだろう。

「テレパシー的」な夢は、それをテレパシー夢と受け取った者にとっては「本質的なもののすべて」が映し出されたスクリーンのようなものである。そのスクリーンに映し出された「失われた自分」を見て、そこで自らの問いの答えを手に入れたと思い込むなら、その時は誰であれ催眠状態の中で超能力者を演じることになるのかもしれない。千里眼事件の「超能力者」たちは、箱の中を透視できる能力を持っているとされていたのであったが、それはスクリーンの遮蔽効果の一つと言えるであろう。なぜなら、彼女たちは自らの無意識的欲望を「問い」の次元で捉える代りに、子宮の中を透視し、そこに失われた自分の「答え」を発見できると確信したからである。だが「テレパシー的」な夢を次のように言うとしても、それもまたスクリーンの遮蔽効果と言えるに違いない。「結局、これは他人の夢に過ぎない。」

どうやら私達は「テレパシー的」な夢の周りをぐるりと一周して、元の場所に戻ってきたようである。だが、ここで私達は精神分析のそもそもの始まりが、他人の夢や戯言のように聞こえもする他人の妄想や幻想を他人の夢や他人の妄想に過ぎないものとして見過ごさないようにすることから出発していたことを思い起こしておいてもよいだろう。こうした立場は「結局、これは他人の夢に過ぎない」という反応とは、本質的に異なったものである。むしろ、これらスクリーンの遮蔽効果は、言葉を話す人間存在にとって本質的かつ普遍的な「問いの形式」なのだと言えるのではないだろうか。それは精神分析において「症状」、「錯誤行為」、「夢」などの形で扱われてきたものでもある。

確かに現代における夢語りは、中世のような社会的な媒体機能は果たしていないかもしれない。しかし、カウンセリング室を通して語られる個々人の夢々は、決して個人の中に閉じたものではない。ただ、それらの夢が語られ続ける限りにおいて、その夢を語る者と聞き取る者との間で、常にそれらの夢の語らいは言語という世界を通じて「他者」の領野へと開けた「問い」を構成し続けるものなのである。

IV

うわさの現実

0. ……………はじめに

わたしは先に、日本の中世という時代を、夢をメディアとした社会ととらえ、人間を超越した冥の世界から発信された夢を人間が受信する「夢見」の情報空間と、その夢について人々が語りあう「夢語り」の情報空間と、この二つが重なりあって機能していたと位置づけた。

ところが、ひろく社会的に大きな影響力を及ぼした「夢語り」の様子を示す史料を読み進めていくにつれて、中世の「夢語り」の場を、単に人間たちだけの情報空間ととらえていいのものかどうか、疑問に思うようになった。中世の人々は、人間どうしが語りあい情報を伝達しあう場にも、神や仏のような、人間を超越した存在が深く関与していると考えていたように見えるからである。

ここでは、そうした中世社会における「夢語り」の情報空間と「うわさ」とのかかわりを浮き彫りにしたいと思う。

1.……「夢語り」から「うわさ」へ

将軍を籤《くじ》で選ぶ

応永三十五年（一四二八）正月、室町幕府の四代将軍足利義持は、瀕死の床にあった。けれどもなお、誰を自分の跡継ぎにするのか決めなかった。管領以下の重臣たちは、なんとしても跡継ぎを決めておいてもらいたいと願って、何度もそう頼んだが、将軍は「たとえ自分が跡継ぎを遺言しておいても、重臣たちが用いなければ何にもならない。だから、重臣たちで協議したうえで、適任の者を決めればよい」と言って、誰を跡継ぎにするかについて遺言することを、かたくなに拒んだ。困り果てた重臣たちは、こうした時にはいつも相談をしてきた醍醐寺三宝院門跡の満済のところにやって来た。満済ならば、将軍の真意を聞き出し、できればなんとかうまく意中の跡継ぎの名を明かしてもらえるのではないかと期待したのである。

義持は、すでに息子の義量に将軍職を譲っていた。これが五代将軍である。ところが、義量は父に先立って病死してしまった。義持には、他に跡継ぎになるべき実子はいなかった。重臣たちから懇望されてこの役目を引き受けた満済は、義持に会う前から、ある提案をしようと心づもりをしていた。これまで重臣たちの要請を拒んできた義持の決意が固いことを承知していたので、ただ跡継ぎを決めてくださいといっても、同じような理由をつけて断られるに違いないと思ったからである。

その提案というのは、実子はいないけれど、幸い兄弟はたくさんいらっしゃるから、その中から石清水八幡の神前で籤を取って決めるのはどうか、というものだった。それを聞いた義持は、「それならば籤にせよ」と言った。これは、今日のわたしたちが何かを決めるにあたって籤引きにしようというのとは、まったくわけが違う。その籤を引かせるのは神であり、人がそれを引き当てたのは神の意志であって、その決定は神の裁定だ。それが中世の人々の考えであったから、これはまさに跡継ぎを八幡神に決めてもらいましょうという提案であった。それゆえ、義持もこれには同意せざるをえなかった。

夢をたのみに

ただし、義持はそこで一つだけ条件を出した。それは、自分が生きているあいだは絶対に籤を取ってはならない、というものだった。そして、そのわけは実は……と語り出したのが、それまで自分の胸の奥深く大事にしまってあった次のような事情であった。

義持は、息子の義量が死んだ時、石清水八幡神の前に行き、代々将軍家に伝わってきた名刀を奉納すべきかどうかを神に問うた。もしも自分にもう実子が生まれないのならばこの刀は神に捧げるつもりだが、生まれるというのならば受け取らないでほしい。そう祈願して、神前で奉納するか否か二通りの籤を引いたところ、納めてはならないというのが神の意志だった。しかも、その夜、自分に男子が生まれる夢を見た。これは神から送られてきた二重のメッセージだと思い、この夢をたのみにして今まで生きてきた。同じ神に二度も同じことを問いかけるような非礼はできないから、跡継ぎ決定の籤を取るのは自分の死後にしてほしい。

この話を聞いた満済は、了承して引き下がった。早速、満済から事の次第を聞いた重臣たちは、なぜ義持があれほどまで強固な意志をもって跡継ぎを決めなかったのか、やっと納得することができた。義持は、自分と八幡神とのあいだで取り交わされた籤による裁定と夢のメッセージとを心に深く刻みつけて、ここまで生きてきた。その夢は誰にも語られることはなかったが、義持一人の胸の奥深くに大切に持ち続けられてきた。その思いが、死を目前にした今、満済に語られたわけである。だから、自分の死ぬ前に籤を取ってはならないという義持の出した条件は、尊重されねばならない。しかし、義持が死んでしまった後の混乱の中で八幡宮まで早馬を飛ばして籤を取って来るというのはむずかしいに違いないから、まずは籤だけを取って来ておいて、その籤を開くのは死後にしよう。それならば義持の条件に反するわけではないだろうと話がまとまり、そのように事が運ばれた（『満済准后日記』応永三十五年正月十七日条／続群書類従）。

閉じられた「夢語り」

同時代の貴族である万里小路時房の日記（『建内記』／大日本古記録）にも、この義持の跡継ぎ問題に関する記事がある。先年、将軍が父に先んじて死んでしまい、武家の跡継ぎが欠如する事態になったので、管領以下の諸大名が相談して正月十七日の朝に三宝院僧正満済をもって継嗣について意向を尋ねた。「その器でないものを定め置いても面々が用いなければ意味がない」と義持は主張して跡継ぎを決めなかったが、決定は神慮に任せるべきだとして、いずれも僧侶になっていた四人の弟たちの名を書いた籤を、管領が八幡神の前で取ることになった。二度籤を取ったが、二度ともそれには青蓮院義円の名が記されていた。義持が事切れた後、諸大名が集まるなかでこの籤が披露され、跡継ぎは義円と決まった。明日、管領がこれを義円に知らせることになった。そのように記されている。

この万里小路時房の日記には、義持が八幡神とのあいだでかわしたという籤と夢の話がまったくどこにも登場してこない。義量の死後、八幡神と交わした籤と届けられた夢をたのみに生きてきたという義持の「夢語り」は、その直後に満済と重臣たちとのあいだで語られただけで、それより外には出て行かなかった。義持にもたらされた神からの夢のメッセージは、結局は実現されずに終わった。だから今、新たに籤を引いて後継者を選ぼうとしている。もはや過去のものとなってしまった義持の夢を、満済も重臣たちも共有することなどできない。そういうわけで、この「夢語り」は、この場かぎりで閉じられてしまうことになったのである。

死んだ後の将軍義教

この時、籤で選ばれた青蓮院義円は六代将軍足利義教となり、専制的な政治を行ない、そして嘉吉元年（一四四一）に起こった将軍暗殺事件の当事者になった。その時、将軍のまわりにいた武士たちが何をする間もないほど、あまりにあっけない最後で、「将軍、かくのごとき犬死、古来その例を聞かざることなり」（『看聞日記』／続群書類従）と評されるほどだった。将軍の首を取った赤松方はすぐに自邸に火を放って領国の播磨へと落ちのび、その焼け跡からは首の無い将軍の遺骸が掘りおこされたという（『建内記』）。

籤で選ばれて後継者となったことだけでなく、将軍となってからの専制的な政治手法、そしてその衝撃的な最後に至るまで、義教は長く人々の口にのぼり記憶に残る将軍となった。暗殺事件が起きたのが六月二十四日であるが、早くもその一カ月後には、人々のあいだでこのような「うわさ」が語られ広まっていた。

普広院殿（義教）のことだが、御台所（正親町三条尹子）が内々に、日頃はこんなところに人が住んでいるとも思えないような賤しい不思議な小さな家で、巫女を呼んで「口寄せ」をなされたという。巫女の口を借りて発せられたのは、まさに普広院殿の託言として符合するものばかりであった。その内容というのが「自分には今年の正月二日に不思議なことがあって、当年中に死んでしまうだろうと予想はしていた。だが、それは九月のことだと思っていたので、このように早く、しかも剱で刺し殺されてしまうとは考えてもいなかった。平生からいろいろと目をかけてやったのに、この大変な事態にまったく当座の役に立つ者がいなく、むざむざと殺されてしまったのは口惜しい限りだ。自分は今、修羅道に堕ちて、この身は火焰の中にある。四方上下から剱で責めさいなまれ、その苦しさといったらどうしようもない。子供は男子が九人いるといっても、まだ誰も十歳にもならない幼子ばかりで、御台にはたくさん言い置きたいことがあったのに、まさかあの日を限りとは思わなかったものだから、それもできずに残念このうえない。しかし、なんとしても百日の内には、自分の仇を討ってもらいたいと思っている」などと、種々に御演説なされた。御台所は、ほんの短いあいだとはいえ、このように話をきくことができ、今の苦境から救ってくれと言われて大変うれしいとおっしゃったという。(『建内記』)

暗殺された将軍義教の夫人である尹子は、夫が思いがけない死を遂げたあと、その思い残した胸の内をなんとしても知りたいと思っていた。死者のことばを聞くには「口寄せ」という方法があるという。そこで内々に、「あやしのふしぎなる小家」に巫女を招いて、夫の気持や現世を離れて今どこにいるのかなどを、巫女の口を通して聞くことにしたのである。この「口寄せ」は「密々」のうちに行われたはずだった。なのに、義教が巫女の口を借りて語った「今は修羅道に墜ちて、火焔や剱戟に責めさいなまれている」という詳細な話の内容までもが、人々の口にのぼり「うわさ」となってひろがっていった。義教なら、死後このような境遇に堕ちるのもうなずけると当時の人々が思ったかどうかはわからないが、秘密裏に進められたはずの「口寄せ」は、なぜか衆知の事柄になっていた。

それから十日ばかりたった頃、今度は、御台所のもとに「夢想の告げ」が届いた。これについてもまた、人々の口にのぼり広まっていった。

その夢に出てきた普広院殿は、海の中の船中のようなところの、しかも血の中にいらっしゃって、頸だけが血の上に出ている状態だった。御台所が夢の中で子細を尋ねると、「これは血のように見えるかもしれないが火だ。今も苦痛は絶え間なく続いている。この苦を少しでもやわらげられるのは、念仏による供養しかない。」そのようにおっしゃるのを聞いた御台所は、涙にむせびながら目覚められたという。(『建内記』)

この「夢想の告げ」を得て、御台所は仏事の興行を思い立ち、ちょうど夫の四十九日に結願するようにと、八月七日から浄花院で如法念仏が執り行われることになった。

「口寄せ」に関するものであれ「夢想の告げ」に関するものであれ、これらの「うわさ」に共通しているのは、修羅道や地獄に堕ちて苦悶する前将軍義教のイメージである。生前の義教の言動を目のあたりにしてきた人々にとって、彼の死後の世界はおよそ成仏や往生とは無縁だというのが共通認識となっていたようである。しかし、それにしても、血の海の中に首だけが出ているという夢に出てきた義教の姿は、当時の人々にとって暗殺事件の衝撃がいかに大きかったかを物語っている。

「夢語り」と「うわさ」

さて、義教についてのこのようなイメージは、死後二十年たっても変わらなかった。父の暗殺時には幼な子であった八代将軍足利義政の夢に、父義教が現れたのは事件から二十年後の寛正二年（一四六二）のことである。

奈良興福寺大乗院の前門跡経覚のところに、家来の楠葉新右衛門がやって来て、次のような話を伝えた。

去る正月十八日の夜、室町殿（将軍義政）の夢に、普広院殿（義教）が束帯姿で現われ枕元に立たれておっしゃるには、「私は生きている時に罪を犯すことが多くあったので、今受けている苦しみは一つや二つではない。けれども又、善いことも多く行なったので再び将軍に生まれ変わることができるはずだと思っている。それにつけても今の現世の状況を見ると、飢えた人々が次々とたくさん餓死していっているではないか。もしも、私の苦しみを助けたいと思うのなら、彼らに施行をしてその悲しみから救ってやってはくれまいか。」父がはっきりと自分にそう告げるのを聞きながら夢から覚めた室町殿は、願阿弥という勧進聖に命じて、六角堂のあたりに一町にもおよぶ渡屋を建てさせ、飢えた人々をそこに収容して大釜で炊いた食料を毎日施行しているとのことで、毎日これにかかる費用は千五百疋（一疋は十文に相当）だそうです。

この話を聞いた経覚は、「ありがたき御夢想なり、広大の御利益にあらずや、尊ぶべし尊ぶ

べし」と、その日記に感想を書きつけている。(『経覚私要抄』寛正二年二月七日条/史料纂集)

この前年の寛正元年は日照りが続き、さらに追い打ちをかけるように暴風雨が吹き荒れるという大変な年で、作物に大きな被害が出た。年が明けると飢饉の状況はさらに悪化し、京都で餓死する人々の数は毎日五百人とも、あるいは七、八百人ともいわれ、死者の総数は数知れずという事態に陥った。死骸は四条や五条の橋の下に掘った一穴に千人二千人と投げ入れて埋めたが、それでも埋めることのできない死骸が京中のあちこちに放置されてるようなありさまだった(『大乗院寺社雑事記』寛正二年五月六日条/続史料大成)。何か政治的な手だてを講じなければ、どうしようもない状態になっていた。

義教が将軍であった時に、飢えた民の苦しみや悲しみに思いを寄せながら政治を行なっていたとは到底思えない。しかしそれが、死後二十年たった今も地獄の苦しみに責め苛まれるなかで、自分自身の苦しみを少しでもやわらげたいという利己的な願いから発したものとはいえ、飢えた人々への施行を息子に夢で懇願するような気持ちを持つようになり、その「夢想の告げ」を契機にして、実際に大規模な施行が行われるに至った。これこそ、神仏の広大無辺な御《ご》利益《りやく》で、これ以上に尊い御夢想はないではないか。以前、義教とのトラブルから大乗院門跡の地位を追われることになった経覚が(拙著『夢から探る中世』角川書店)、この話を聞いてそう思ったのは、もっともなことである。

ところで、本当に将軍足利義政の夢に父義教が出てきてこのように語ったのか、あるいはそもそも義政は実際に夢を見たのか、それはまったくわからない。義政の周辺でこうした「夢語り」がなされたことを示す史料は残されていないし、義政自身も日記などを書き残してはいないから、そこのところは不明である。ただ、事実として、勧進聖の願阿弥による施行が行われ、それに関してこのような「うわさ」が当時の人々のあいだにひろまっていたことだけは確かである。「うわさ」は人々の口から耳へと伝えられ、しかもそのあいだに人々が抱いている関心や願望などが混ざり込んで膨れあがっていくものである。この話は、実際に「うわさ」の始まりの時点から夢が存在したのか、それとも「うわさ」が広まっていくうちに将軍の夢の話が入り込んできたものなのか、それも今となっては判断するすべがない。けれども、諸国から飢えた民が都に流入し、餓死する者が日々大変な数にのぼっていくという緊急事態に直面して、なにか救済策が必要なことは誰もが感じていたし、それを望む共通の意識は広く人々の中にあった。そうした「世論」ともいえるような人々の共通認識を吸収し体現するものとして、この将軍義政の夢の話が存在した。

夢を見ることは神仏との交信によるものだと中世では考えられていたから、それだけでも大きな威力を持った。それがさらに「うわさ」を媒体とすることによって、社会全体を巻き込むような広範囲な「夢語り共同体」を形成する。それは、ここで見たように、飢えた民への救済策を支持し推進する強大な原動力になっていく。

2.……「人の口」は「天の口」

天狗のスピード

さて、その「うわさ」について、中世の人々はどのような認識をもっていたのだろうか。『太平記』(日本古典文学大系)巻十には新田義貞の鎌倉攻めの時の様子が描かれている。思うほどの勢力を集められないまま上野国新田を出発した新田勢が鎌倉へと進もうとしていたところ、その後方から、大勢の軍勢が押し寄せてきた。「これは敵か」と身構えていたら、実は味方の越後の一族が遠方から駆けつけてきたのだとわかった。喜んだ義貞が、「急なことで越後まで知らせることもできないまま陣を動かしたのに、いったいどうしてこのことを知ったのか」と尋ねると、「あなたの御使者だといって天狗山伏が一人、越後の国中を一日のあいだに触れて回ったので、我々は夜を日に継いで追いかけてきたのです」と答えた。一日という短い時間のうちに越後の国中に新田義貞の蜂起を知らせるためには、ものすごいスピードが必要である。これは到底、人間業でできるものではない。だからこそ、「天狗山伏」が使者となって触れ回ったのだというのである。天狗ならば空も飛べるし、越後一国ぐらいの範囲なら一日あれば十分である。

おそらく、新田が蜂起したとの情報は「うわさ」となって人の口から耳へと次々に伝えられ、越後の一族の耳にも達したものと思われる。驚くほどのスピードで広がる「うわさ」の、その跡をたどり、そのしっぽをとらえることは、今日の社会学者でもなかなか容易なことではない。ましてや、中世の人々が、『うわさ」の広がる驚くべきスピードを目のあたりにすれば、そこに人間たちの力を越えたものが関与していると思うのは当然のことである。自分たちが口伝えで語り伝えていったものが、そんなに早くそんなに遠くまで届くはずがない。きっと、それは天狗の仕業にちがいない。こうして人々は、「うわさ」の広がりの背後に、人間の力を越えた神仏や天狗などの存在を確信するようになった。

天に口無し

中世の聖徳太子信仰を確固たるものにしたのが、平安時代半ばに成立した『聖徳太子伝暦』(大日本仏教全書)である。聖徳太子は子供のころから、ただ者ではなかった。それを示すものとして、『聖徳太子伝暦』に次のような話がある。

敏達天皇の九年、夏六月、天皇に奏上する者がいた。「土師連八島という者がおりまして、歌を歌わせたら右に出る者がいない絶世の歌い手です。ある夜、一人の人が八島のところにやって来て、互いに調子を合わせ競い合って歌を歌いました。その声は普通の人とまったく違っていて、一緒に歌いながら八島は、とても不思議なことだと思っておりました。そこで、八島はその人が帰る跡を追いかけて行きました。すると、住吉の浜に至り、夜明けには海に入って行ってしまいました。」すると、天皇のすぐそばでその話を聞いていた九歳の聖徳太子が、「それはきっと熒惑星《けいわく》でしょう」と言った。驚いた天皇が「それは、いったいどういうことだ」と問うと、太子は「天には木・火・土・金・水の五星があります。たとえば、歳星というのは青色をしていて、東の空を司る木星です。熒惑星というのは、色は赤く南の空を司っている火星のことです。この熒惑星は、地上に降りてきて、人に姿を変え、子供たちの中にまじって一緒に遊び、未来のできごとを予言する歌を作って歌うといわれています。今度もきっと、この星がやって来たのでしょう」と答えた。

人々のあいだで流行し歌われる「童謡《わざうた》」には、これから世の中で起こるであろうできごとを予言し人々にそれを知らせる内容がこめられている。鎌倉時代末期の『聖徳太子伝記』(大日本仏教全書)にも同じ話が載っているが、そこでは聖徳太子が「これは熒神惑星という星です。人の世に戦乱や飢渴や不作などの災難が起こるような時には、この星が童子に姿を変えて地上に現われ、人々のあいだに混じって未来に関する歌を作り、みんなに知らせてくれるのです。」と答え、さらに、

天に口無し、人のさえずりを以て事とす、

と付け加えている。天には口が無いけれど、その意志は人の口をとおして伝えられるものだ、というのである（拙著『中世のうわさ』吉川弘文館）。このフレーズは、「天には口なし、人を以ていわせよ」とか「天に口無し、にん（人）をもっていわせよ」「いわゆる天に口無し」というように少しずつ表現を変えながら、中世のいろいろな場面に繰り返し何度も登場してくる（瀬田勝哉「神判と検断」『日本の社会史　第5巻』岩波書店）。神は衆口を借りる、つまり、「人の口」は「天の口」だ、ということになる。

中世において、「うわさ」はその広がる時の驚異的なスピードという点から人間を超越した存在の関与するものとされただけでなく、その内容においても、天の意志を伝えるものだと考えられていたのである。

天狗の落し文

「落書《らくしょ》」というものがある。今では「落書」というと「らくがき」と読み、いたずら書きという意味であるが、中世の「落書」はそれとは違う。

では、中世の「落書」とはいったいどういうものなのか。まずそれは、書き手の名を載せていないもの、署判を落としているもの、つまり匿名の文ということになる。自分自身の顔を見せず姿を隠したまま社会のあり方を風刺し批判することは今でもよく行われるが、中世の「落書」とはそういうものである。また、「落書」は「天狗の落し文」ともいわれ、書き手はいったい誰なのかわからない、ひょっとすると天狗が多くの人に読ませるために落としていった文かもしれないということから、このようにも呼ばれた。匿名性は、時として人を越えた存在へとつながっていく。「天狗の落し文」という時の「天狗」とは、文字通りそうした存在の象徴であった。

中世の「落書」といえば、後醍醐天皇の建武新政を痛烈に風刺し批判した「二条河原の落書」が有名である。京都の二条河原に立てられた高札《たかふだ》に「このごろ都にはやるもの、夜討、強盗、謀綸旨《にせりんじ》」で始まり、「京童の口ずさみ、十分の一ぞもらすなり」と結ばれる落書がかかげられていたもので（「建武年間記」／日本思想大系『中世政治社会思想』）、京都の人々が「うわさ」しているその一端を書いてみましたよ、ということの「落書」は、先にみた「童謡《わざうた》」の話とあわせて考えると、これを言っているのは「人の口」ではなく「天の口」だと主張しているようで、たいそう興味深い。

「落書」はこのように広く社会のあり方そのものを批判する場合にも書かれるが、もっと個人的な行為を告発する時にも書かれる。京都の東寺には、寺僧の不清浄《ふしょうじょう》を告発した落書が何通か残されている（「東寺百合文書」）。それらは筆跡から書き手が特定できないように、わざと稚拙なカタカナで書かれている。こうした「落書」は、通常の訴えでは上層部が取り上げず、問題が明らかにされないまま闇から闇に葬られかねないというような場合に、わざわざ人目につく場所に張り出し、それが多くの人の知るところとなって、結果的にその告発をもみ消しにできなくしてしまうというねらいがあった。自分自身の顔を隠しておくことで、身の安全も保たれるというわけである。

今日でも内部告発によって不正が暴かれることがあるが、特に中世の身分制社会にあっては、こうしたシステムは必要なものであった。しかも、「落書」を落としたのは天狗であるとするような、その背後に天の意志があるというような考え方が根強くあったから、「落書」による告発を無視するのはむずかしかった。東寺では「落書」が張り出されると、決められた手順を

踏んで、その告発内容の正当性が問われることになっていた。その手順というのは、

（1）まず訴えられた者への糺明を開始する日が定められる。

（2）その日から七日間、告発された者は東寺の西院不動堂に籠もる。

（3）寺内の諸衆は皆、この七日間の初日・中日・後日に慈救呪を五百回ずつ唱える。

（4）告発された者は、東寺御影堂の牛玉宝印の裏をひるがえして起請文を二枚書く。そのうちの一枚は、中日の真言が唱えられているあいだに神仏に受け取ってもらうため宝前に納められる。

（5）起請文の「失」、つまり神仏からの答えが起請文を書いた本人の身体的異常として示されるのを、御影堂の聖や預たちから各一名、合わせて二名が出て組になり順番を決めて、昼も夜も堂に参仕し見守り続ける。

というように、とても厳密なものであった。

起請文とは、そこに書かれた内容が嘘偽りの無いことを神仏に誓い、もしもそれに違背した

ならば直ちに神罰仏罰を自分の身に蒙る旨を明記した文書である。起請文は通常二通書かれ、そのうちの一通は神前に納めたり焼いたりして、神仏まで届けられた（千々和到「〈誓約の場〉の再発見」『日本歴史』四二二号）。これに対する神仏からの返事としての罰は、起請文を書いた本人の身体に生じる「失」によって示される。「失」の具体的な内容としては、本人が死んでしまうとか重病におちいるといった重大な事態から、出血する、鳥に尿をかけられる、鼠に衣服をかじられるなどの些細なことに至るまで、さまざまなことが規定されていた。中世の人々の誓約は、現世的な刑罰よりも、このような冥の世界から及ぼされる神仏の罰という呪縛によって強固に支えられていた。

「落書」という天狗からの告発によって生じた嫌疑をはらすのは、やはり「天」による裁定しかない、というわけで、このような手順が踏まれた。そして、この結果、まったく何も身体的異常が生じなかった場合には、告発された者の身の潔白が証明されたことになる。

落書起請文

「落書」と「起請文」の両方を合体させたような「落書起請文」という文書がある。

「起請文」は、そこに書かれている内容が偽りでないことを神仏に誓い、もし嘘であったならば神仏の罰が我が身に及ぶと明記することによって、その内容の信頼性を示すものである。だから、その書き手が誰なのか、神仏に申し上げているのが誰なのかを明らかにするため、必ず名前と本人のサインが載せられている。他方、「落書」は本人の名を秘して、広く世の中に自己主張するものである。この二つの文書の意味あいを兼ね備えたのが「落書起請文」である。

延慶三年（一三一〇）七月五日の夜、法隆寺内の蓮城院に強盗が入った。法隆寺では犯人を見つけ出し盗まれた品物を取り返そうと、いろいろと手を尽くした。しかし、犯人が誰なのかわからない。そこで、近隣の村々十七カ所に連絡して「合わせの大落書」を実施することにした。「大落書」の実施場所は、法隆寺のすぐ近くの龍田神社である。その当日、村々からは六百人を越える人が集まり、それぞれ、この強盗事件の犯人について自分たちの見聞きしている内容を書いた「落書起請文」を投票した。名前を書かないことで自身の身の安全は確保できる。しかも、書かれた内容の信頼性は、神に偽りがないことを誓った起請文によって保証される。「落書起請文」とは、そういうものだった。

この落書の実施に先立ち、開票の結果が「実証十通以上、風聞六十通」であれば、その者は犯人だとする旨のルールが定められた。ここでも、その者が犯人だという情報を「うわさ」で耳にしたとする票が六十通を越えれば、実証十通と同じだけ信頼できる情報だと考えられている。「うわさ」に対する信頼度は、ずいぶん高かったわけである。

ところで、今の私たちなら、投票をすませると家に帰って開票結果をテレビの速報などで見ながら、自分たちの意志がどのように示されたのかを知るだけだが、中世の「大落書」の場合、開票を参加者全員がまわりで見守り、その結果、犯人が特定されると、すぐに皆でその者の住居に押し寄せて、その身を逮捕したり家を焼くなどの処罰を加えるのが常だった。「落書起請文」を投じることとは、最終的にそこまでの行為を伴うものであった。何ごとに対しても自力救済を貫いた中世人らしい姿がここにも見られる。ただ、この事件では、決められた通数を越えたのが法隆寺の僧侶二人だったことから、法隆寺に押し寄せた村人たちに対して、法隆寺が「寺中のことは寺中で」と主張し、村人たちによる処断は延期された（『嘉元記』斑鳩叢刊本）。

それにしても、風聞六十通が実証十通と同等の信頼度があるとされるのが、中世という時代だった。今の私たちの「たかがうわさ」と一蹴するような意識とくらべると、「うわさ」に対する認識はまったく違っていた。その理由は、「うわさ」の背後に天の意志が存在すると考え、

「人の口」は「天の口」に等しいとする中世社会に特有の共通認識があったからである。

3.……おわりに

「うわさ」を広げていくのは、なま身の人間の口であり耳である。人々のその口が語り、その耳が聞いて、その連鎖によって「うわさ」は拡大していく。さまざまな巨大な機械メディアが介在する今日の情報伝達と違って、中世では等身大の人間が直接つながりあって情報が広がっていく。中世の「うわさ」の特徴として、まずこの身体性と直接性があげられる。

そして、忘れてならないのは、「うわさ」が声の産物だという点である。「うわさ」を媒介するのは文字で書かれたことばではなく、互いに応答しあう集団的で共有的な声のことばであること（W・J・オング『声の文化と文字の文化』藤原書店）、その点にも注意しておく必要がある。

また、「うわさ」を媒介し拡大させていくのは人々の口であり耳であるにもかかわらず、広範囲に広がっていくそのスピードが人々の想像をはるかに越えるものであったため、自分たちの行為の結果とは信じられなくて、「うわさ」の背後にそれを動かし広めていくもの、人間を超越したものの存在を意識せずにはいられなかった。そこには、神の手が加わり、天の意志がかかわっていると考えたのである。中世では、「人の口」は「神の口」と直接結びつけてとらえられ、冥の世界と密接にかかわるものとされ、そしてこのことが、「うわさ」に大きな力を付与した。

「人の口に戸は立てられない」といわれるように、「うわさ」は社会横断的に広がっていく要素を本質的に持っている。けれども、日常的に広がる「うわさ」の範囲は、一定地域の範囲におさまる場合がほとんどであり、また同じ社会集団内部にとどまることが多かった。しかし、それが大多数の人々の生活に深くかかわり、それを揺るがし、その未来を大きく左右する内容の「うわさ」であれば、話は別である。その場合には、「うわさ」は急速に広がり膨れあがって、日常的な場を越えて拡大していく。「うわさ」は生き物である。日常的な生活世界に限定されそこから外部に出て行かない「うわさ」と、その枠を大きく踏み越え外部世界へと結びつき膨張していく「うわさ」と、中世の「うわさ」はそうした重層構造をもっていた。

その膨張していく「うわさ」を考える時に注目されるのが、将軍の妻や子などとその周辺で語られていた「夢語り」である。その発端は、小さな空間のせいぜい数人の「夢語り共同体」

であったはずなのだが、「密々」に為されたはずのその「夢語り」が外部に伝わり、さらに「うわさ」の世界と結びつき、多くの人々の口にのぼり広がっていくと、最初の「夢語り」の内容がどうだったかにかかわりなく、当時の社会の人々が抱いていた共通の認識や願望を吸収しながらふくれあがり流布していく。そして、その「夢語り」は、ある意味で「世論」ともいうべきようなものを形成する。夢は神仏から送られてくるメッセージだと考えられ、しかも「うわさ」の背後には天の意志が存在すると信じられていたから、ここに社会全体を覆うモンスターのような「夢語り共同体」が作り上げられ、絶対的な力をもつものとして人々を包み込んでしまう。

このように見てくると、中世の情報空間というのは、人間世界と、それを囲い込むようにして存在する冥の世界とのあいだで、絶え間なく繰り返されるキャッチボールのようなもので、人間どうしが語りあう言語活動そのものも、冥の世界の超越的なものによって支配され、神仏の領域内に取り込まれることによってはじめてその存在を確かなものにすることができたのである。

V

うわさ・夢・ネットワーク

——ネットワークがメッセージである

0. ……ノードとしての個人

インターネットをのぞいてみよう。

ふっと妙な考えにとらわれることはないだろうか。そこにはたくさんのサイトがリンクでつながれていて、そこにはたくさんの知識や情報の積みかさねがある。もちろん、その内実は種々雑多、玉石混淆だとか、そういった実情は承知の上だ。だから検索システムのさらなる向上、あるいは情報そのものの構造化の洗練などが求められていることも、確かなことだ。だが、それでもなお、このイメージは人間の知識そのもののイメージを思い起こさせる。もちろん人間は、インターネット上のコンピュータとはわけが違うから、原則としてはすべての人間の観念にアクセスすることはできないし、またその観念の情報も不完全で、距離や時間による劣化が激しいコピーしか入手できない。だから、「さまざまな系列」ということばをつかうことにして、ある程度その範囲に制限を加えておくことにしよう。けれども、われわれの持っている知識、さらにはそれを活かし利用するさまざまな考え方も、つまりはこれまで生きて経験してきたさまざまな観念の系列の集合である。つまり、わたしとその思考とは、わたしが過去から引き継いできたさまざまな観念の系列の、あるひとつの結節点にすぎない。というより、もしかするとわたしとわたしの思考とは、過去のたくさんの系列の思考がわたしという舞台を借りて勝手に思考の続きを展開しているだけで、その上演された思考の観念たちの演劇を、「別の舞台」で上演されているその演劇を見ながら、それを自分が監督している映画のように勘違いしているのが、人間の内面性というものなのかもしれないではないか、と。

そういう風に言ったからといって、それはべつに個人の思考のもつ特別な価値を貶めようというわけではない。そもそもまず、それぞれの結節点はそれぞれが特異なネットワークの構造を持っている。仮に二人の人間がひとつの観念を共有していたとしよう。それをふたりの共通概念とみなしたとすると、大多数の人間に共有されている共通概念というのは、あまりに一般性が高すぎて価値がない。でも、共有されている数が少ない、いってみればレアな、一般性が低い共通概念へのネットワークをたくさん持っていれば、それは場合によってはかなり価値が高くなる。あまりに多くの共通概念をもっている二人の人間は同質性が高すぎる、いってみれば互いが似すぎているわけだから外への出口を失ってしまう。それよりは、グラノヴェターの言う弱い紐帯でつながっている相手からの方が、重要かどうかはともかく未知の多くの情報を得られるという仕組みだ。

だが同時に、弱いネットワークばかりでは、そうした「結節点としての個人」は構成上の安定性を欠くことになるかもしれない。共通概念が多いということは、そこへ至るルートが複数あるということであるから、少々の混線や断線にも対応可能だ。たとえば共通の趣味を介して知り合った知人なら、その共通の趣味が複数あれば、ひとつの趣味に飽きてやめてしまっても、残りの趣味でネットワークは維持できるように。だから、一般性の高いもの、低いものにはどちらにもそれなりの価値があることになる。

いずれにせよ、このような強弱さまざまなレベルの一般性を持つ観念のネットワークのひとつの結節点として、個人はできあがっていると考えることは、それほど非現実的なことではない。

1.……うわさ、群衆、エス

そうはいうが、このような考えは、単にネットワークと個人を印象だけで恣意的に比較しただけのもので、たいして実用性のない空疎な思弁か文明時評とだけしか思えない、というむきも多いかと思う。しかし、情報発信の多様化が進み、発信者の匿名化が進み、発信者の人格の統一性が薄れているこんにち、個人の人格と呼ばれているもののまとまりは、いちどこの際だから思考実験として解体してしまい、ある観念、思考ないし表象のネットワークとして考えてしまうほうが、むしろ時代を多少なりともよく把握できる可能性はある。

とはいえ、別段それは（一部の）世に名高い「シニフィアンの優位」であるとか「言語の自律性」というモットーから連想されるような序列関係とは関係がない。それはかならずしも、いわゆる言語情報に限らなくてもよいのだ。たとえば、あなたが手に抱いて離せない毛布があったとしたら、その毛布という物質それじたいも、ひとつのネットワークを形成している以上表象と見なしてしまっていいし、緊張の場面になるたびに緩くなってしまうあなたの胃腸という身体も、そのときトイレで流した排泄物も、もちろん表象と見なしてしまってよい、ということだ。要するに、そこを情報が経由するのであれば、それは表象と呼ぶ。

じつを言うと、こうしたアイディアはべつに今さら目新しいというほどでもない。手近なところにさかのぼって、十七世紀あたりまで戻ってみよう。すでにスピノザにはそうしたアイディアがあった。もうちょっと近いところ、となると、十九世紀後半から二十世紀初頭に活躍した、アメリカの論理学者パースがこう言っている。「……人格の存在にとって必要なのは、人格を構成する諸感情が相互に影響を与え合うに足るほどに密接に結びついているということだけである。」[1]つまり、パースの場合では、諸感情とかれが呼んでいるものが多様なネットワークにより結びついており、そのなかでももっとも安定した密接な結びつきをもっているものが、個人の人格といわれるものになる。

現代では、フランスの人類学者、言語学者にして認知科学者でもあるダン・スペルベルがこうしたアイディアの支持者である。かれはいう。

1 チャールズ・サンダース・パース『偶然・愛・論理』浅輪幸夫訳、三一書房、一九八二、三一六頁。

人間の個体群にそれよりはるかに多数のウィルスの個体群が宿っていると言いうるように、人間の個体群には、はるかに多数の心的表象の個体群が宿っていると言うことができる。（……）なかには他の個体に感染する表象がある。（……）ある表象は人間の個体群の中に蔓延し、この個体群のあらゆるメンバーに、何世代もの間、そのまま宿りつづける、という結果を招くかもしれない。このように広くはびこり長続きする表象が、文化的表象の典型的事例である。[2]

何世代もの間宿りつづける、とはやや不明瞭だが、さしあたりスペルベルのなかからこれを明確にする手掛かりを探すとすると、ヒントは「再帰的」（反射的）ということになる。スペルベルは直接的観察に基づく信念を直観的信念、伝聞等による信念を再帰的信念と呼んだ。この第二の信念に関わるのがメタ表象能力である。つまり、表象についての表象を抱く能力である。

「制度とは表象の集合の分布であって、この分布は当該集合に属する表象によって制御される。[3]」これを表象に関する表象による制御という、表象の再帰化と捉えることにしたいと思う。

この意味では個人もまた特殊な制度の一つであるということになる。この制度がほかのどの制度に比べても安定性が高いであろうことは、われわれも経験上よく知っていることだ。とはいえ、それがいつまでも安定しているということでもない。たとえば、イタリアのノーベル賞作家でもあり、思想家でもあったエリアス・カネッティによる、シュレーバー症例の分析を踏まえて、かれのいう「分裂病（現在の統合失調症）と群衆」という説を考えてみよう。[4]

この説は、フロイトの「集団心理学と自我‐分析」が明らかに「自我をモデルに集団心理を分析する」のではなく、「集団心理をモデルに自我を分析している」のと同じような構造をもっている。カネッティによれば、分裂病者はみずからを群れと見なすことがある。確かにシュレーバー症例を始め、数多くの症例で、分裂病者は何らかの「群衆」あるいは正確には「群衆の語らい」に取り囲まれている、と訴えている。この群れは、最終的には語る表象の群、というところまで還元してもいいだろう。

カネッティの仮説によれば、こうした現象が起こることの理由は、群衆にはいることで個人

2　ダン・スペルベル『表象は感染する―文化への自然主義的アプローチ』菅野盾樹訳、新曜社、二〇〇一、四五頁。
3　ダン・スペルベル『表象は感染する―文化への自然主義的アプローチ』菅野盾樹訳、新曜社、二〇〇一、一二八頁。
4　エリアス・カネッティ『群衆と権力　下』岩田行一訳、法政大学出版局、一九七一、二五一‐二〇二頁。

が個人としての壁を解消できることと関連づけられる、とされている。だが、その順序をひっくりかえして、むしろ集団の中から再帰的に個人が浮上し、また集団の中に解消されていくある種の弁証法的な過程として捉えてみることも可能であろう。

この群集としての主体をわれわれはどう定義するべきであろうか。まず念頭に浮かぶのは、うわさとフロイトのいうEsの言葉上の類似性である。On dit, heresay そして ça parle。前二者はフランス語、英語でそれぞれうわさされていることについて語る場合に用いられる。最後のものはラカンによるエスの定義である。「それはしゃべる。」そこで、群衆とはうわさであり、それは精神分析で言われる、主体の中に存しているある種の非人称のかたらいと同じ構造を持つものであり、また逆にそうした非人称のかたらいが群衆そのものを特徴づける、と考えてみよう。

こうしたうわさのかたらいの特徴は、われわれがかたらいという言葉でイメージするような、何かを乗せて運ぶもの、という意味での情報の伝達とはなんら関係がない、というところだ。それは、語られた時点ですでにひとつの出来事である。出来事というのは、それについてみなが語りたがるような何かだ、という意味だ。したがってうわさのかたらいとはつねに何かについての解釈であり、そのまた解釈であり、さらにまた……という具合に無限に続く出来事である。ちょうど、部分部分でさまざまに異なる堅さをもった物体を伝播していく波のようなものだと考えればいい。だから、さっきの「そこを情報が経由するのであれば、それは表象と呼ぶ」という言い方は、じつは不正確で、なにかとなにかが接触したという事実以外には何もないのだ。それら二つが受け渡しを行った、と想定されるような情報は存在しない。その二つが接触すれば、その出来事それ自体がコミュニケーションなのであり、そのとき接触したふたつの要素を表象と呼ぶのである。

2. 基準通貨なき交換

こうした特異なコミュニケーションを形成することが可能なフィールドは、やはり特殊なものだ。うわさによって形成され、また同時にうわさの担い手でもある群衆は、厳密に言えば境界を持たない。ラカンはそれは単一的な自我の集合体を連想させるcollective（集合）ではないと考えている。その論拠のひとつは、フロイトもはっきりと、ルボンが群衆心理psychologie des foules と呼んでいるものを採用していることだとも指摘している。その群衆 foules といういうことばを通じて把握すべき要点だったのは、「すべてではない pas-tout」という本質が群衆ということばの基礎付けをしてくれるということだ。

すべてではない、ということばは少々意味がわかりづらいかもしれないが、ここでは、まず明確な境界を持たないがゆえに、それぞれの要素の間の交換の基準となる単位が成立しない、と考えてもらえばよい。このことを念頭に入れて、次の少々長いうえにこむずかしい引用文を考えていこう。

「(……)『すべて tout』とはいいますが、それはざるのように穴だらけですから、『徐々に piece à piece』しか現れてこないのです。考えるべきことは一つです。それは、この『硬貨 piece』が交換価値を持っているか否かということです。それが『すべて』について定義を下すことができる唯一のものです。あらゆる流通過程において『硬貨』が価値を持つということ、それはどういう意味でしょう? それは、価値に対して『すべて』として定義される状況がある、要するに価値が単一化されているということを意味します。

『すべて』とは価値の概念でしかありません。その範囲内で価値を持つ、その範囲内で同じ単位のもとで別々の価値を持つものです。我々はこうして、ゆっくりと、私がune-bévue（無意識）と呼んだものの矛盾へと進んでいきます。une-bévue（無意識）とはいまお話ししたような意味で単位と呼ばれているものには値しないにも関わらず、交換されているもののことです。いわば偽りの『すべて』tout なのです。その典型はシニフィアンです。」（一九七六年一二月一四日の講義より）

かなりむずかしいが、ゆっくりと考えよう。ものが交換されるときには、基準となる単位があるはずだ。何かと何かが共通の単位で計って同じ値だから、交換は成立する。ところが、この等価という価値を支える単位そのものが存在しないにもかかわらず、なぜか交換が成立してしまう場合もある。そうしたときには、なにか単一的な基準があるわけではないのだから、その場その場の現場で「一つ一つ」行われる営みを基準にするしかない。こうした営みの総体によって、みかけの上でなにかまとまり、全体、「すべて」と見えなくもないものが、事後的に成立する。つまり、交換そのものによって事後的に価値が生成される。そして、そうした交換によって形成される、みかけ上の全体、偽りの「すべて」として無意識が出現する、そういうことが論じられている。une-bévue はドイツ語の無意識とフランス語の大失敗のかけことばだ。

さしあたり、こうしたモデルによってわれわれは、無意識と群衆の同一的構造を取り出すことができる。またそれは同時に、なぜ群衆がかくも無意識的であるとされていたかの一つの説明となりうるものではないかとも考えられる。その両者の統一的な定義とは、第一に明確な境界がなく、第二に共通の価値単位もプロトコルもないことであり、そして第三に、にもかかわらず個々のレベルの交換が成立していることであり、第四にそもそもその個々のレベルの交換の総体として定義されるものである、ということだ。

こうしたことを考え合わせると、ここまで見てきた「うわさ」とは、少し哲学風のことばを使えば「潜勢態」の語らいの総体である。古めかしい言いまわしでは、圧政が行われたときには「地に怨嗟の声満ち」などと表現されたものだが、こうした声はあくまで、それそのものとしては認識され得ない。もちろん、その声を拾い上げるために、昔であれば水戸黄門が諸国を漫遊し、いまはマスメディアが世論調査を行うわけだが、しかしそれはあくまで外から無理やりひとつの形にその声を顕在化させようとする試みに過ぎない。

だが、そうした外部からの操作に頼る前に、その内部にも、やはりある程度自己組織的にその語らいを構造化あるいは制度化し、そのことを通じて語らいを可視化させようとする動きもあるはずだ。そして、多くの場合そこには、ある種の符合を手掛かりに構造化を行おうとする試みや、あるいはさらなる語らいを誘発するような象徴性を匂わせつつも不可解な現象が、ことさらに取りあげられることになる。前者にはさまざまな奇跡譚が、後者には、たとえば落書やわらべ歌が。

もちろん、それらは信じるに足る内容であることは少なく、それがなにかの現実を本当に代表し表現していたのかはさだかではない。後世の後知恵でないかという気もするだろう。だが、その結晶化以前に、そうした現実は存在しない。だれもが時代の空気を結晶化させる核となる「暗き前触れ」を捜しながら、しかし事後的に、ああ、それであったのか、と気づくしかないものだ。ひとたび起こってしまえば、それはあるときは人を主体に、またあるときは人びとをまるで個体であるかのような群衆心理へと相変化させていく。

3.……ネットワークはメッセージである

そうはいっても、ことはそれほど簡単ではない。せっかく自分というものが、諸々の観念の系列の結節点でしかない、というふうに、個人という単位を観念の系列へとばらそうとしたのに、それを具体例を挙げて説明する段階になると、インターネットの比喩であれば一台一台のコンピュータ、人間の例であれば、ひとりひとりの人間という単位を設定して、その単位あるいは個体どうしのネットワークという風に置き換えてしまう。われわれにはどうしてもそういう傾向がある。しかし、これでは元の木阿弥である。だいいち、そのように考えたとすると、さきほどの「自分の中で観念たちが勝手に思考という劇を上演している」という考え方はいかにもとっぴなものに思えてしまう。しかも、そのような考えを持ち出したところで、今われわれの生きるこの時代の理解に役立つのか疑問である、という思いを抱いているかたもいられようかと思う。

だが、ある意味ではコンピュータの世界ではこの種の考え方の一端が具現化され利用されているといってもいい。さらにいえば、それをモデルにして逆にわれわれがふだん行っているコミュニケーションのモデルを考え直してみることもできる。

たとえばP2P、ピア・ツー・ピアと呼ばれる情報転送の仕組みを用いたラジオのことを考えてみてもいい。普通のラジオであれば、放送局が発信する電波をそれぞれの受信機がひろって音に変換し、そうしてラジオを聞くことができるようになる。インターネットのラジオ放送は、放送局がサーバに、受信機がそれぞれのご家庭にあるパソコン、クライアントマシンに置き換わっただけで、われわれはラジオのスイッチを入れるかわりにリーバのアドレスをクリックして、情報をもらいにいく。

だが、インターネット上には、P2Pと呼ばれる仕組みを用いたラジオ放送も存在している。P2Pという言葉は、最近ではインターネット上のファイル交換ソフトに使われて、おおくの機密情報を流出させたことで話題になったから、なんとなく耳にしたことはある人もおおいはずだ。ラジオの例でごく簡単に言えばその仕組みを説明すると、中央のサーバに集積されたデータに個々にアクセスし、そのデータを再生して視聴するのではなく、まずサーバがアクセスしてきた近傍のマシンにデータを流し、そのそれぞれのマシンが受け手であると同時に中継者として、さらにまた近傍のマシンにデータを流し、こうしていわば口コミ口伝えのように流通させていく仕組みであると簡単に理解していただければよい。

このような仕組みでは、個々のマシンがデータのバッファリングという作業を行う。つまり、次から次へ右から左へデータを流していたのでは、ちょっとした一瞬の通信不良によって放送が途絶えてしまうかもしれないので、あらかじめ少しデータの貯金をしておこうというわけだ。手元に現金、キャッシュを残しておくようなものである。そうすると、通信不良で上流からデータが流れてこない瞬間があっても、しばらくは手持ちのデータで下流にデータをまわし続けることができる。しかしそう考えると、こうしたバッファリングをつながった各マシンが行っているわけだから、そのバッファのデータをまとめると、すでに放送が終了して、もとのサーバからはデータが発信されていない放送であっても、ネットワークの中を流れ続けると考えることもできるかもしれない。つまり、この場合は記憶がどこかの場所にしまわれていることで存在し、その場所へとアクセスすることで伝承される、というよりも、むしろ口コミのようなひとびとの運動そのものの中に維持されていることになるはずだ。

さらにいえば、いくつかのP2P式のファイル交換ソフトの仕組みがそうであったように、われわれはこうした口コミの運動の中で、自分がなにをバッファリングしているのかを知らない、そして自分が直接求めた情報とは何の関わりもない情報も、ただ他人に中継するためだけにバッファしている、ということも起こりうる。われわれがそれと意識するのは、自分が求めた情報に関する部分だけだから、じつは自分の知らないところで、勝手に情報が行き来していたという事実には無頓着にならざるをえない。それをいきなり無意識といってしまうのはいかにも乱暴だが、さしあたりこのように、われわれの知らないところで、われわれを介して行われている情報交換があってもいい、そしてそれはその交換の動作主に見えるわれわれ自身には気づかれていないのだ、くらいまではいってもいいだろう。それはだれかが自分を命令したり、操ったりした結果というわけではないだろうから、やはり言葉それ自身がわれわれを乗り物にして勝手に動いていると考えざるを得ない。これは、無意識的思考といわれるものにとても近いものだ。

かつて、マクルーハンは「メディアはメッセージである」という有名な台詞を吐いて一世を風靡したが、それをもじって言えば、ネットワークとは記憶や思考の媒体や媒介なのではなく、むしろ記憶や思考そのものである、ネットワークがメッセージである、ということになるだろうか。

ここでも興味深いのは、こうしたP2Pモデルは一般にサーバ・クライアントモデルと対立させられているということである。サーバ・クライアントモデルは、一般にわれわれがイメージしやすい、ある情報を集積してある場所（サーバ）に個々のマシン（クライアントと呼ばれる）がアクセスして情報をもらって来るという仕組みだ。たしかに、プッシュ型とプル型の違い、つまり自発的に情報をもらいに行かねば情報は届かない、という意味での違いはあるが、しかし基本的にはこれは新聞やテレビ、ラジオのマスメディアの構造と大きくは変わらない。もちろん、二つのモデルはどちらが進化形ということでもなく、たんにネットワークの構造にしたがってどちらが優位か変わるというだけである。個々のユーザの回線速度が遅く、サーバは基幹回線を用いて高速通信が可能であればサーバ・クライアントモデルが有効であるし、両者の間の相対的な差がなくなれば、サーバに一方的に負担が掛かるサーバ・クライアントモデルよりはP2Pが有利だ。

今われわれがコミュニケーションということばでイメージするモデルはどうしてもサーバ・クライアントモデルに依存しがちである。それはおそらく、精神分析も含め多くの心理学の理論が構築する精神構造についてのモデルが、マスコミュニケーション勃興期と重なることとも無縁ではないだろう。それに対して、他方ではP2P的なモデルがあり、これはわれわれが先ほど提示した無意識的な語らいの総体、表象群の構造としての主体および群衆という考え方と、よく似たモデルと言うことができる。だとすれば、ごく単純に、ネットワークの形態の差異が、こうしたモデルの使い分けに影響しているのは、インターネットの世界も人や集団の心理も同じである、と考えてみることは不自然ではない。考えてみれば、フロイトが一九二一年の論文「集団心理学と自我 - 分析」で描いた解決策は、こうした群衆としての心というモデルは、指導者(フロイトは総統Führerという言葉を使っている)としての自我理想に統括されることになっていた。これもまた、ラジオというメディアの時代にあって、その論文執筆後一二年を経て政権に上り詰めたナチスドイツと、奇妙なほどに並行を見せているのである。

4. ……………暗号化と暗号鍵

さて、そのように考えたとしても、まだまだ課題はある。前節で触れたような、それと知らずに、自分と関わりのない情報が行き来するというのは、いったいどういう意味か。コンピュータならそういうことも可能だろうが、人間でそんなことがありうるのか。ありうるのだとしたら、どのようなことばがどのようにそれを担うのか。そもそも、ある言葉が、明示的に示された内容とは別の意味を担う、ということ自体は、じつに良くあることだ。というより、それをわかって行動できてこそ、空気の読める大人というものである。そのなかでも、暗黙のうちに了解されているために、いちいち意識さえしない解釈、そしてそれに応じた振る舞いというものもあるだろう。そんなものをいちいち無意識的思考とか言われてもきりがない。

　そうした意見はいたくもっともに思われるので、ここではすこし別の角度から補強材料を探してみよう。それは、スイスの文芸批評家にして精神科医でもあるジャン・スタロバンスキーが論じるソシュールのアナグラム論である。[5]

　二十世紀初頭にいくつもの重要な業績を残したスイスの言語学者ソシュールは、晩年に奇妙な研究に熱中した。ギリシア叙事詩の分析をすすめる過程で、そこにはアナグラムがあるのではないか、と思い当たったというのである。

　そのアナグラムとは、ソシュールの推察によればこのようになっている。まず詩とは、その起源においては呪文、祈祷、葬送、演劇合唱など、おおまかにいうと叙事詩と分類される、4から8の詩行からなる詩句しかなかったであろう。そして、それらにはテクストに神の名を混入させねばならない。こうした条件の下でしか、詩に込められた祈りやまじないは効果がえられない、という宗教的な考えがあった、という可能性はあるだろうと。つまり、ある叙事詩のなかには、その詩の題材に関連した神の名前が、アナグラム、つまり綴りかえのように織り込まれていなければならないと。

スタロバンスキーの解説によればそれは「テクストが産出されるには、必ずひとつの独立した語を経由する――その語は当該文章の名宛人もしくはその主題に関係している――これは詩的言語の成立にとって基礎となるいくつかの特権的音素へと接近する道でもあり、それらの収蔵庫でもある。[6]」とされている。そして、その織り交ぜ方がアナグラムということになる。アナグラムといっても実際には音韻に関係するので、アナグラム、綴りかえということばのもともとの意味である、書字のニュアンスは薄い。このあたりは、アナグラムをエクリチュール

5　ジャン・スタロバンスキー『ソシュールのアナグラム　語の下に潜む語』金澤忠信訳、水声社、二〇〇六。
6　ジャン・スタロバンスキー『ソシュールのアナグラム　語の下に潜む語』金澤忠信訳、水声社、二〇〇六、三二頁。

の典型であり本質と考えたラカンのアナグラム論との違いで面白いところであるが、とりあえず脱線するのはやめておこう。

とにもかくにも、この場合の名宛人あるいは主題が、テクストの全体を構造化していくことになる。それはちょうど種子の中に、すでに木全体が含まれているようなものである。スタロバンスキーの言葉を借りれば、「展開されるテクストは、それに先立つ〈テーマ－語〉に集約される単位＝統一体 unité の状態で包蔵されている。厳密に言えば、「創造」はない。あるのは、先行するモナドの内部にすでに現前しているエネルギー全体の、多様な展開である。[7]」ということになる。

ソシュールはこうした研究を続け、ラテン詩人にも研究の成果を元に問い合わせを送ったりもしてみたのだが、結局はかばかしい成果は得られず、この研究は公表されることなく未完に終わったのであった。

面白いことに、こうした方向での研究はむしろ精神分析的な思想で再度展開されることになる。スタロバンスキー本人も精神科医であるが、彼以外にも、ラカンの弟子のセルジュ・ルクレールの分析する「一角獣の夢」[8]や、ジャック・デリダの序文のおかげもあって有名になったアブラハム＝トロークの『狼男の言語標本』[9]などでは、分析の進行と共に、患者の症状や、人生の中で重要な契機となる出来事や登場人物などが、あるひとつの音のつらなりに集約されていく、という現象が分析されている。逆に言えば、患者たちの人生には、こうした音の連なり、ソシュールであれば〈テーマ－語〉と呼んだであろうものがアナグラムのように織り込まれているということになる。それはあたかも、〈テーマ－語〉の展開に合わせて人生の重要な諸要素が選ばれていったかのようでさえある。つまり、言葉の方が、人生のいろいろな経験の中で出会う出来事の中から、自分と関連する語を勝手にピックアップして、それを勝手にその人の人生の重要な契機にしてしまうのだ。

ソシュール本人は、ギリシアやラテンの聴衆たちは、こうした規則を知っているので、詩を聞けばその〈テーマ－語〉を明確に意識的に認識していたと考えていたようだ。しかし、同時にこうした規則は詩人達の間では秘伝だったかもしれない、とも考えていたようであり、どうもこの問題についてはそれほど明確に考えがまとまっていたわけではなさそうである。現在で

7　ジャン・スタロバンスキー『ソシュールのアナグラム　語の下に潜む語』金澤忠信訳、水声社、二〇〇六、七七頁。
8　セルジュ・ルクレール『精神分析すること』向井雅明訳、誠信書房、二〇〇六、第五章。
9　ニコラ・アブラハム、マリア・トロック『狼男の言語標本―埋葬語法の精神分析』港道隆ほか訳、法政大学出版局。二〇〇六。

は、むろんそうした問題はそもそもが成立しない。そこで、つまり、もしかしたら過去ではコミュニケーションのひとつの形式として明確に意識されたかたちで共有されていたものが、いまや個人の無意識的な思考の様式として、それと気づかれることなく残存し、機能しているのではないか、という仮定をここで考えることができる、ということになる。

そう仮説を措定すると、分析家と分析主体のあいだのコミュニケーションにおいて、こうした背後の構成的規則がそれとは意識されないまま共有されていて、ごく普通の会話の中にアナグラム的に隠されたテーマとなる語を、暗黙のうちにやりとりしているのではないか、と考えてみることができる。もし精神分析で欲望と呼ばれるものがあるとすると、それはこのような特異な語がそれ自身として「別の舞台で」語りだす、ことば同士が共鳴し合う、ということなのではなかろうか。そうした語の展開によって構成されるものが、無意識的思考である。このように考えると、個人の思考がもしも特異性を持つとするなら、その特異性は、日常のありふれた出来事の記憶を、そのひと特有の〈テーマ - 語〉の展開として読み直し、切り分け直す、その無意識のはたらきにこそ表れるのだ、ということになるだろう。精神分析では、夢の役割の大きな部分は、この読み直しであるとされている。

5. 第三の層——神話と制度としての主体＝集合

こうしたかたらいは、どこかである程度の安定性を獲得する。安定性を獲得したものは、制度と呼ばれるようになる。その安定性がどこから生まれるのか、それにはいろいろな考え方もあるだろうが、ここはスペルベルに従って、再帰性を獲得したおかげでそうなるのだ、と考えてみよう。それはつまり、自分自身について言及するという、ひとつ高次のレベルを獲得するということでもある。そして、神話とはそのもっとも原初的なかたちである。その神話が一般的には個人と呼ばれている、ひとつの制度を形成するのであれば、それは個人神話であり、集団を形成するのであれば、それは普通の意味での神話となる。さらにいえば、ここには個人と集団のほかにも、もっと身近な、たとえば仲の良い夫婦であるとか、あるいは精神分析家とその分析主体であるとか、さまざまな構成の形態があり得るだろう。そして、その安定化は、再び個人と個人へとそれぞれを連れ戻すにしても、以前とは違った形で、つまり互いが互いの自我の構成要素の諸部分をそれまでとは違った形で分担し直すということもおこりうる。ちょっとみたところ、一方が感情豊かな妻であり、他方が冷静で口数の少ない夫であったとしても、夫妻が個人個人が別々に居る状況であれば、彼らの人格がそのままであるとは限らない。夫妻はそれぞれの自我の機能を、ひとりでいるときとは違った形で、相互に分担しているということもありうる。妻は夫のぶんまで情動豊かになり、夫は、妻に情動を委ねることで、いつも以上に冷静で理知的になる、というように。

夢を語ることは、そうしたあまり意味のない行為をあえて行いうる場を作ることそれ自体も含めて、こうした「個々のレベルの交換」を成立させるために必要なことである。そして、そのことによって、みかけ上の全体、あるいは制度を作り出す。それは神話という、セカンドオーダー、観念についての観念、といった形式を形成する。

だが、その再帰性や自己組織化はただで生まれるわけではない。それは、互いがひとつの観念の系列、ディスクールの連鎖の中に連なることでのみ達成される。つまり、メタレベルの他者ともいうべき視点を共有することで、その下位の連鎖の中で同値なものとして互いを見出すのである。このメタレベルは神話であり、とりわけ精神分析ではそれを代表するものとしてエディプスの神話を取りあげる。だがそれは、互いに語られ、なおかつそのなかで互いの同期ないし同一化を引き起こすことにより、神話として制度化されたかたちでなければ、われわれに可視化されることはない。したがって、多くの場合その同期を事後的に説明するために、さまざまに非現実的なことばや事象を用いて説明するはめになるのである。

こうしてみると、序章で設定したコミュニケーションの二層というのは、実は三層に設定すべきものであったのかもしれないと思われてくる。われわれが意識的に用いる、情報伝達のレベルがひとつの層であるとすると、うわさのかたらい、つまり言語同士の自生的なかたらいのレベルがもうひとつの層で、これは情報伝達のためというより情報という事実そのものであり、言ってみれば情報の内容そのものというよりその衝撃や力の伝播に近い。その中間には、後者の層を構造化し、安定させ、ひとつの制度とし、前者に高次化された情報を送り出す層が存在する。この層が神話の層であり、それは時に個人神話として、時に集団的神話として、さまざまな制度を作り出し安定化させる。こうして、個人と集団はある種シームレスな、さまざまな構造をもつ諸制度として横並びに扱うことができるようになる。

一九五〇年代の初めごろじつはラカンは、同じようなことを、フランスを駆け回る電報の比喩で述べていた。

私がここからル・マンに電報を打ったと仮定してください。電報の頭に次々に転送する命令も付しておきます。するとその電報はル・マンからトゥールへ転送され、トゥールからサンスへ、サンスからフォンテンブローへ、フォンテンブローからパリへ、そして以下限りなくに転送されることになります。[10]

さて、このとき、記憶はどこにあるのか、と考えることはすこしおかしい。そうではなく、その記憶はパリからリヨンへ、トゥールーズへと、どこなりと無限に電送され続けていくことで維持されればよいのであり、その意味でもネットワークこそが記憶そのものなのである。じつを言うと、ＲＡＭといわれるコンピュータのメモリの仕組みもおなじようなものなのだが、ラカンはこの時期サイバネティクスに言及しており、おそらくそれを踏まえて語っている。

精神分析でこうした考えが重要なのは、人間の記憶、それもとくになにかの精神的な困難を引き起こすような記憶が、反復される行為というかたちで受け継がれていくことが多いからだ。たとえば、父親が未解決のままにしていた何かの問題は、そのまま子供に引き継がれ、その子が解くべき生涯の課題として、その子の人生の構造を決定するように。ディスクールの中で構造的に同じ位置を、といういいかたは、いかにも抽象的で意味が分かりづらいが、このように考えると少し理解しやすくなる。ラカンがこの種の連鎖を負債にたとえるのもむべなるかなというところである。親が返さなかった借金は子供に回る。借金取りのディスクールのなかでは、親子は構造的に同値である。誰でも良いから金は返して欲しいのだ。それが、構造的な同一性の獲得の瞬間であり、精神分析でいうところのエディプスコンプレックスの意義の一側面である。

こうした事象を指してラカンがいうには、それは「彼等がディスクールの同じ一つの輪の中の組み込まれた因子、鎖の輪、支え、環であること」ということなのだそうだ。もしここで、ディスクールというものを、先ほどの電報のたとえのように、ひとびとの口から口に回り続けるメッセージによって構成されたネットワークであると考えたとする。そうすると、そうした偶然の一致を見せたふたりの人間は、情報交換のノードのなかで同じ構造的な位置をしめていた、構造同値性をもっていたと理解するべきなのではないだろうか。

10　ジャック・ラカン『フロイト理論と精神分析技法における自我：1954-1955　上』ジャック＝アラン・ミレール編、小出浩之ほか訳、岩波書店、一九九八、一七四頁。

そして、何よりも重要なことは、こうした自分の父祖たちの記憶は、父祖自身にも、そしてそれを受け継いだ自分自身にも、直接アルヒーフのような形で保存されている必要はない、ということである。ただ自分がその象徴的メッセージの媒体として、それを運動させ続けることで維持しておけばいいのだ。つまり、精神分析では、その維持し続ける運動のことを反復と呼んでいる。この記憶のモデルは実際に語られる「綾成す語らい」によってのみ、そしてその反復によってのみ存在するのであって、どこかになにか原盤が保存されているわけではないのである。

6. ……………ディスクールのネットワークの共振

だが、ここまではあくまでその再帰性、自己組織化が起こるものと前提にしたうえでのはなしだ。それだけではなく、その契機、つまりこうした形で形成されるディスクールの連鎖とメッセージが、制度化されていくその端緒を、精神分析的な観点から見るとどうなるだろう。

それはまずもって、こうした反復、あるいは語らいの連鎖が作動させられる契機を明らかにするものでなければならない。そこでは、たとえばテレパシーのように見える現象も、むしろこうした交換あるいは同期が成立させられたという、一つのサインとして必要になる、と考えてみよう。

しかし、だからといってどちらかがどちらかに迎合して話を合わせてでっち上げたり、あるいはでっち上げたことさえ忘れるほど信じ込んでしまう、ということではない。そこには、互いの無意識的な欲望を見定めるという欲望があり、その欲望は、互いが互いの自我という枠の中から、枠の向こう側にいる相手の徴候を推しはかるというものではない。

ここで、テレパシーと解釈したくなるような驚くべき偶然の一致についてフロイトが論じた文献にコメントするラカンの意見を参考にしてみよう。

ラカンの解説によれば、フロイトはテレパシーといわれる現象を夢で見られたことへと帰着させる考え方を好んでいた、ということにされている。だが、念のためにいっておけば、べつに夢の中では不思議な力が発揮できるから、テレパシーのようなことも可能なのだ、と言いたいわけではまったくない。ラカンがこの解説で言おうとしていたのは、まず「テレパシー的な情報で問題なのは二つのことということになります。情報の中身があります、そして情報という事実があります。情報という事実、正確に言えばフロイトが推したのはそちらの方です。」（一九七三年一一月二〇日の講義より）ということだ。これに関係する考察は第Ⅱ、第Ⅲ章であつかわれるが、ここでも手短かに触れておこう。

まずだいたいが、テレパシーの夢の場合であろうがなんであろうが、夢は日常生活の記憶、日中残滓を素材としており、それを読み直し、暗号化したものである。さきほどの〈テーマ－語〉は、この暗号化の解読の鍵であると同時に、暗号化の鍵でもある。そして、この暗号化ないし暗号解読の部分は、本人の意識のあずかり知らぬところで、ことばたち同士のかたらいによって形成される。こうしたことばの持っている欲望、ことば同士の共鳴の方に、個人の意識が捕捉される。

こうして、「フロイトはテレパシー現象のすべてを、そこには欲望を見定めるということ以外には何もないという観点から否定した。」（一九七三年一一月二〇日の講義より）というラカンのことばをたしあわせて理解してみよう。それは、たんに偶然自分の欲望にしたがって都合よく事実の歪曲を行った結果、テレパシーのような現象が出現したように見えただけなのだ、とこの発言を解釈してはならない。むしろそれは他者のことばの中に、自分を見つけるということであり、より正確に言えば、他者のことばの中で自分が見つけられた、と、受動態にして語るべき出来事なのだろう。そして、その「見つけられた」ということは、それ自体で気づきうるものではなく、むしろ他者の中になにかを見出した、という行為から溯及的に、同じものとして自分の中にあるなにかに気づくという順序を追うことになるのであり、重要なのはそのことばの、情報の中身ではなく、共鳴にもたとえられるその同期、同一化の事実の方におかれるのである。

そこにあるのは、ある意味では「認識する」とは「認識の対象と同一になる」ことであるという、新プラトン主義から中世哲学を経てルネサンス哲学にいたるまで多く見られる思想のリメイクであるといってもいいだろう。ことばたちのかたらいのなかで、つまり他者のディスクールのネットワークの中で、構造的に同値であること、あるいは他者の欲望の中で同じものとして位置づけられている（たとえば借金を返して欲しいという借金取りの欲望の中で、おなじ返済当事者であると見なされているという時のように）とき、ひとはそれを自らが「同じもの」となることを通じて初めて認識する。そこから一瞬で主体と呼ばれるものが結晶化し析出するのである。

幸か不幸か、主体の私秘化と情報の私有化にともなって忘れられていったこの概念は、デジタル時代に息を吹き返したといってもいいかもしれない。コンピュータのネットワークの中で、あなたがなにかを認識したとは、それはダウンロードして保存するのであれ一時ファイルとするのであれ、とにかく同じものの複製があなたのコンピュータに形成され、アクセス先とあなたが部分的に同一化したということでもある。十九世紀のフランスの社会学者タルドはこれを模倣とよび、ネットワークの形成を所有と呼んだ。しかしこの所有は同時に、先方のマシンとわたしのマシンが同じものを共有したということであり、また部分的に同一化したという意味をも担いうるだろう。こうして、人は認識するためにまず同じになる。それは根源的な欲望であり、また根源的な想像性と呼ばれてしかるべきものである。だからこそ、人間そのものがつねにメディアなのである。

7. 情報としての主体

さて、このような表象、観念の連鎖として、個人と集団とをシームレスに捉え、そしてそのネットワークを動的に構成することそれ自体がメッセージの形成である、と仮定したとすると、どういうことを新たに考えることができるようになるというのだろうか。

ここでもチャールズ・サンダース・パースにご登場を願おう。パースはこう語っている。少々長くなるが引用しよう。

（……）人格の存在にとって必要なのは、人格を構成する諸感情が相互に影響を与え合うに足るほどに密接に結びついているということだけである。（……）右の言明が正しいとすれば、親密で強烈な共感で結びついた人びとの肉体のうちには人格的意識に類するものが存在しているであろう。感情の一般化が一個の人格内に万人を包含するにいたるまで押し進められていくとき、ある意味で、一つの終点に到達し、そして、それ以上に一般化すると、活き活きとした性格が薄れていくのも確かである。だからといって、活き活きとした性格が消滅すると考える必要はない。団結心、国民感情、共感はたんなる隠喩ではない。（……）心共同体の精神がいかなるものであるかを十分理解しうる者はひとりもいない。（……）心霊研究にたずさわる協会は、私見によれば、はるかに弱々しい現象にすぎぬテレパシーの証拠を探すよりも、こうした共同的人格性の証拠を探す方が、暗雲を突破しうる可能性が大きいのではないだろうか。[11]

なるほど、この引用箇所の前半までは、われわれのここまでの考察で理解できる。しかし、後半の方は少々話が飛躍しすぎてなにやらついて行きがたいかもしれない。そこで、別の箇所からパースを再度引用して、説明を付け加えよう。

私が十分共感を持っている友人に、私の思考や感情を伝達し、私の情態が彼に入りこみ、彼の感じていることを私が意識する時、文字通り、私はわたし自身の頭脳ばかりでなく彼の頭脳の中でも生きているのではないか。……人間は同時に二個所には存在できないという、哀れな、唯物論的な、野蛮な考えがある。まるで人間は物であると言わんばかりに！言葉は同時にいくつかの場所にありうる。……なぜならその本質は精神的なものだからである。人間はこの点で少しも言葉に劣らないと信じている。どの人間もただの動物をはるかに超越した同一性を持っている、つまりいかにかすかなものであったとしても、本質、意味を持っている。人間は自分自身の本質的な意義を知ることができない。[12]

一から十までパースの言うことを真に受けることもあるまい。しかし、彼の思想のなかで大事なポイントは指摘しておく必要がある。ひとつは観念がさまざまな状況に分布しており、自律性をもっていている、ということだ。そしてもうひとつ、本質的には、情報は譲り渡すことはできない、なぜなら、原則的には情報の伝播とはつねに情報の共有なのだから、ということだ。

情報は物とは違い、それを誰かから得たとしても、与えた誰かがそれを失うわけではない。したがって、情報の所有とは模倣でもある。なぜなら、同じものを共有するということは、部分的に同じになるということだからである。つまり、うわさの伝達に加わること自体が、その情報の共有という模倣によって成立するひとつの共同体の形成を可能にすると同時に、個々人を形成する、より厳密にはその個人特有の表象の分布を形成することになる。

したがって、こうして共有された観念が、しばらくの間は一番下の層に声を潜めてひっそり

11 チャールズ・サンダース・パース『偶然・愛・論理』浅輪幸夫訳、三一書房、一九八二、三一八-三一七頁。
12 チャールズ・サンダース・パース『記号学 パース著作集2』内田種臣編訳、勁草書房、一九八六、一九七頁。

と息づいていたとしても、ある特定の事象に反応していちばん上の層まで、つまり意識のレベルまで浮上してくることは起こりうる。同時にそれは、ひとつの神話の形成の瞬間でもある。共有された観念の活動は一時的に個体を群衆に連れ戻し、そしてまた神話の出現によって個であると同時に集団にも属しているような個体を生み出すからである。

パースがこのようなことを考えねばならなかったのは、十九世紀の心霊術の大流行のためであり、この点はパースより二十年弱遅く生まれたフロイトも同様である。だが、この心霊術の流行そのものの理由として手掛かりの一つとなるものとして、次のことがあげられるだろう。とりわけ十七世紀の重力の発見以降、ひとびとは目に見えない力が現実的に存在し、しかもそれが数学的に記述可能である、という考え方を受けいれた。しかし、それが遠隔作用であるという考え方は必ずしもすぐには浸透しなかった。むしろ、その媒質となる物体が世界に遍在しているはずだ、と多くのひとびとは考えた。それがエーテルである。こうした考え方が否定されるには、アインシュタインを待たねばならない。このように、媒介するものが宇宙に満ちているのであれば、その媒介物とわれわれの関係はどうなるのか。それが宇宙に満ちているというなら、むしろ媒介物そのものが、宇宙の一部をしめる存在であるわれわれをも織りなしている、と考えてもさほど不自然ではない。ならば、そこには最高の優位が与えられなければならない。

こうした「媒介物の優位」ともいうべき考え方はすでにプラトンの「ティマイオス」に見いだされる。十九世紀においては、ヘーゲル哲学の巨大な影響もあって、こうしたエーテル理論が、この当時すでに大きく分離しはじめてしまった哲学と自然科学を結ぶきずなのひとつだった。こうした普遍的媒介物の思想は、たとえばハイデッガー＝ラジオ＝ファシズムのセットを経て（存在の呼び声はラジオの声だろうか）、テイヤール・ド・シャルダンの叡智圏などに見いだすこともできる。ラカンはこの叡智圏を皮肉って、いまでは雷波を介して情報が世界中を飛び回っているのだから、これを叡智圏ならぬ真理圏といってはいけないのかと述べている。こうした思想が、こんにちでは集団的知性、Collective Intelligence という名前で再び取りあげられるようになったことは、よく知られている。同時に、ネットワークの遍在性は、まさにユビキタス社会ということばそのものが掲げる理念となった。ちなみに、エーテルということばは、こんにちではコンピュータを相互接続させるための規格、イーサネットの名のなかに生き残っている。

中世の夢、うわさ、そして分析主体の夢、臨床現場での転移。われわれが本書で描く内容はそれぞれに多様で、ひとによっては雑多であるように思われるかもしれず、あるいは取り扱う材料がすこし非科学的すぎないかと思われるかもしれない。しかし、それらの仕事のアンサンブルに意味があるとすれば、それはこうしたネットワークの遍在性が意識される時代にあっては、そのなかで取り交わされる人びとのコミュニケーションの様式と、その考え方、そしてそこで起こったとされるさまざまな、ひとつひとつのコミュニケーションの内実は、それまでとはちがったかたちをとることもある、ということを考えさせてくれるからでもある。いま、ネットワークそのものが一つの記憶であり、一つのメッセージそのものである。そうした中で、個人が見いだし、思い浮かべ、語ることになる情報は、他者との関係でどのような意味を持つのだろうか。本章で描けたのはその準備の準備程度の考察でしかないが、ともあれそうした意図を持っている。

VI

ネットワーク - 言語の情動経済

0. 水頭腫の一族

フランスの精神分析家、ジャック・ラカンは、人間的にはたいへんな難物として知られていた。

彼にまつわる多くの逸話は、ありていにいえば彼はたいへんに性格が悪い、ということを陰に陽にほのめかしているようにも思われるのだが、さしあたりその判断は保留しよう。なにはともあれ、相当にひねた人物であった、それだけは確かである。

そんな彼でも、ひとなみに孫は可愛かった。ラカンも巨大な頭をしていたが、孫もそうだった。そんなことは、とくだんに美点長所というわけでもないように思われるが、そこがまた可愛かったらしい。このあたりも世の常である。ラカン本人は、いたって祖父と折り合いが悪かったらしいから、本人の代で人並みの祖父と孫の関係をもてたことはじつにめでたいことである、というべきだろう。

さて、そんな可愛い孫がまだ小さい頃に、ちいさな発見を打ち明けた。僕のあたまのでかい理由がわかった、ことばが頭の中に入りこんでしまったので、頭が大きくなっちゃったのだ、と。祖父からの遺伝のせいにしたりはしないあたり、まことにいじらしい態度である。

もちろんこれは、ごくごく他愛もないこどものことばだ。しかし、祖父は可愛い孫のために張り切って大風呂敷を広げる。いや、これは無意識というものを見事に定義づけているのだ、と。

もちろん、そのせいで頭が大きくなってしまったという結論は間違いです。これはあまり賢い理論とは言えませんね。しかし、その動機を考えるとつじつまは合っている理論かもしれません。しゃべること、それは寄生的であるという気持ちに、彼はなったわけですが、そんな気持ちにさせるものが何かあるのです。それで彼は少しばかり行き過ぎて、頭が大きくなったのはそのせいだ、と考えてしまったわけですが。(一九七七年三月八日の講義より)

あまりラカンを親バカならぬ祖父バカ扱いするのもなんであるから、われわれもここでラカンのために弁じるとしよう。ラカンは人と言語との関わり合いをこのように、寄生的に頭の中に侵入してくる言語、というイメージで捉えていたのである。次から次にことばを教え込まれて、すっかり頭がおっきくなっちゃいました、というわが孫のはなしの漫画的イメージにおかしみを感じたのも、それなりに理由があったわけだ。言語はネットワークであり、ひとたびそのネットワークに接続したら、こちらが容量オーバーでパンクするほど、あるいはオーバーフローを起こすほど、勝手に流れ込んでくるものなのである。抑圧にはこの流れを制御する側面があり、ある条件下では、この制御が解除されて、異様なほどの鋭敏な感受性を他者に向けることがあるというのも、むべなるかなである。

ラカンはかつて、このような理論を暗示していたことがある。彼が言うには、幼年期にひとは、両親は自分の考えていることをすべてお見通しであり、そこに何らの壁も存在していると は思っていない、と考えている時期があるのだそうだ。例えて言うならば、先年映画や小説で話題になった「サトラレ」のようなものだが、自分が悟られていることに気づいていない(あるいは気づかせないように周囲が努力している)「サトラレ」とは反対に、子供は自分が悟られていることを知っている、あるいは悟られてはいないのに悟られていると思い込んでいるわけだ。なぜそんなことを信じ込むのか。子供の理屈によればそれは、ことばは両親からもらったものだから、両親はそのことばを知っており、自分の頭の中にどんなことばがあるのかも知っていて当然だからである。だから、両親が自分の考えていることを知らない、という経験は、子供に強い衝撃を残し、それが抑圧を引き起こす大きな原因となる、とラカンは言う（一九五九年二月一一日の講義より）。だが、ここでは言語は異物であり、その所有権は他者にあるがゆえに、自分に固有の思考は存在しない、という考えが、誰しも一度は抱いたことがあるかもしれない、という事実のほうを重視しておこう。ラカンが講義（一九六三年三月一三日）で皮肉をいったように、根本的には「知的所有権」なるものは存在しないのである。

1.……人材開発

このような、言語の自律性とでもいうべき側面については、われわれはすでにある程度触れてきた。むしろこうした言語の海から浮かび上がった泡のように、あるいは言語の種から芽を伸ばした麻の実のように、個人といわれるものが形成されると考えると、哲学的にはアリストテレスの昔から、可能態、あるいは少し時代が降ると潜勢態と呼ばれていたものが言語に当てはまり、個人の側はその現実態とよばれるものに当てはまることになる。

たとえば、植物の成長した姿を現実態と考えると、その種は可能態である。また、たとえば人間は可能態としては外国語をしゃべる能力を持っているが、じっさいにしゃべれるようになる、つまり現実態になるには語学教室にでも通って勉強しなければいけないだろう。英語を勉強して上手にしゃべることができるけれど、その場は黙ってしゃべれないふりをしていたのであれば、前者は現実態で後者は可能態だ。

なにゆえこのような方向に話を変えたのかといえば、それはこのような考え方を受け容れるかどうかによって、潜勢力とよばれるものにたいする考え方が大きく変わってくるからである。序章でも触れたように、われわれの時代は、人間がこのようになにかのネットワークの上に乗っている生き物である、という事実とは手を切り、ひとつの閉じた個体として存在していることを強く主張している。

もちろん、そうした考え方自体に非難されるいわれなど少しもないわけだが、ひとつ弱点を抱えていることも確かである。端的に言えば、それは自分は自分の力を燃焼し尽くすことでしか、力を発揮できない、ということである。逆に言えば、自分という人間資源を燃やし尽くしてしまったら、そのときは一巻の終わりということだ。ちなみに、近年ごくごく当たり前の言葉として聞かれるようになった、人材開発という、よく考えれば奇妙な言葉と対になるのは、ヒューマンリソース、人間資源という、ますますもって奇妙な言葉である。個人は限りある資源である、ということがここでは大前提となっているわけだ。もちろん、こうした開発の努力により、資源を多角的に開発し、一つが枯渇したら他を利用すればいい。あるいは枯渇していたと思っていた資源をさらに長期的に採掘する方法が発見されたりもする。しかし、なにはともあれそこにはつねに枯渇の危険が残っている。

ここは少々下世話なたとえで説明させてもらうことにしよう。近年大流行の性機能改善薬について、ある作家がこう書いていたことがある。わたしはさまざまな媚薬を試したことがあるが、これはそのどれとも違ってとても苦しかった。媚薬であれば気分が高揚し、その結果男性性器の勃起につながるわけだが、件の性機能改善薬ではまるで気分が変わらないまま、ただ男性性器だけが反応すると。

媚薬による気分の高揚と言われるものをどう定義するかはむずかしいところだが、さしあたりそれは身体的な意味での感覚あるいは精神的な意味での感受性を向上させる、と言っていいだろう。それは、いってみれば最終的には個人の力と言うより、個人が他とつながる可能性を向上させることを主目的としている。つまるところ、現実態としての直接的効果を発揮するというよりは、可能態から現実態への移行の可能性を高め、同時にさらに重要なことに、可能態そのものの圏域を広げることに目的があった。潜勢力の向上とは、こうしたネットワークへの接続可能性の向上に掛かっていたわけである。ということは、言葉は悪いが最後は人頼みという所もあったということだ。

対照的に近年のある種の性機能改善薬は、きわめて直裁に個人の持っている潜勢力だけに介入することで効果を発揮する。まことにもって、アトム化された個人の時代にふさわしい薬品と呼ぶことができよう。しかし、それがどこか苦しさを伴っているという証言も無視するべきではないようにも思われる。わざわざ下世話な話を引っ張り出してきたが、このたとえで、個人に限定された能力の開発なのか、あるいは他者との接続可能性の向上を通じて、そうして豊かに広がったネットワークから個人を通じて浮上、開花してくる潜勢力なのか、という問題設定はある程度リアルに感じられるようになって頂ければと期待する次第である。

だが、現代はネットワークの遍在がうたわれるのではないか、だとするなら、われわれは昔のように自分一人の能力を向上させることだけでなく、ネットワークというあらたな感覚器官を向上させ、感受性を向上させることで、より豊かな潜勢力を持つことができるようになったのではないか。マクルーハンのように、そうした問いを立てることもできるだろう。

しかし、話はそれほど簡単ではなさそうである。本書では、これまでの序章とV章において、言語と主体の関係構造に潜んでいたコミュニケーションの第二層とも呼ぶべきもの、潜勢的なネットワークとも呼ぶべきものを、いささかユートピア的なタッチで描き、それをもって臨床場面に現れた特異な現象や、あるいは中世日本の史書に記録されたいくつかの夢やうわさを巡る記述を、ある程度統一的な理解の枠組みにのせることを試みてきた。だがここでは、むしろそうした層の現代的なありかたを、メディアによってさらに別種の形で再取込されていく状況として描いてみることにしたい。

2.……鏡像、《他者》、対象aとその市場

わたしはナルシシズムという題材から、想像的なものを抽出しました。かわいそうなこの想像的なものを象徴的なものによって踏みつぶすことが大事だと書けば、進歩した前へ進んだと、皆さんはいつだってそう理解している。間違って理解しているのです。皆さん考えていただきたい。鏡のイマージュはひっくり返っていても現実的なものです。(一九七三年一一月一三日の講義より)

そうラカンが皮肉ってみせてから三十年ほどが経つが、状況はそう変わってはいない。情報の氾濫する現代、ひとびとは仮想と現実を混同し、勝手気ままにナルシシズムを肥大させているようだが、それは想像的なものを自己の像と取り違えているのであり……と書けば、いまでもかなりそれらしい精神分析的社会批判として通用しそうだ。じっさい、ラカンによる批判の常として、ここで批判されている当の相手はちょっと前の自分の意見なのだから、別段この意

見がまったくの間違いというわけでもない。

だが、何はともあれ晩年のラカンはこのように意見を変えて、とりようによっては想像的なものの再評価とでも言えそうなことを行わざるを得なかった。なぜだろうか？

その理由はいくつかあげられる。たとえば、ラカンが想像的なものを考えるときには、ラカンの読者にはおなじみの鏡像的なものがその基本材料として用いられていたものだった。通説によると、人は自己の全体的なイメージを持つことができないため、他者の全体像を自分の全体像と重ね合わせ、自分の全体像を先取りする、とされていたはずだ。若い頃のラカンが扱った症例では、ある女優さんの姿形こそが本当の自分の姿なのに、その女優さんが横取りしてしまったから殺してでも返してもらうのだ、という女性患者が扱われていた。この経験が、この鏡像段階といわれる理論に影響したことはもちろんである。そして、そののちラカンは、その鏡像そのものにたいするこだわりよりも、患者にその鏡像を自分のものだと教え込んだ第三者の眼差しを分析することの方が重要だと主張するようになった。たとえば幼児をあやしながら、鏡のなかの幼児の像を指さして、これが〜ちゃんよ、と教えてあげる母親の役割である。

さらに、実はこの鏡のなかには、自分のモデルとなる像がすべて映り込んでいるわけではない、そしてそれに呼応して、他者がなにを指さしているのかよく分からなくなってくる瞬間が生まれる、という方向にラカンの理論は展開していく。他者と主体の間には何かの断絶があるのだ。そして、その断絶はやがてあるひとつの物質に集約されていく。この点で、ラカンは唯物論者である。ヴァーチャルな自己としての鏡像と、ネットワークを介してその像を送り込んでくる他者、こうしたヴァーチャルな世界像に、なにか現実的な欠片がノイズとして混入するのだ。たとえば、全世界の詳細な衛星写真をインターネット上で提供してくれるサービスで、地図上に巨大な昆虫が映りこんでしまったように。おそらく画像処理中に紛れ込んだと思われる昆虫は、この滑らかなヴァーチャル世界に、だれか他者が、それもドジな他者（精神分析ではしばしば斜線を引かれた他者と呼ばれる手合いだ）が存在し、手を加えていることを物語ってくれる。主体にとっては事態はもっと深刻で、こうした現実の欠片は自分を支えてくれる他者の存在の証明であると同時にその不手際、あるいは断絶の証明でもあって、言ってみればヴァーチャルな自己像の中に、自己から切り離された、しかしヴァーチャル化されていない欠片がノイズとして混入したようなものだ。そうしたわけで、その欠片は取り除きたいような取り除けないような相矛盾する位置に置かれる。これをラカンは対象ａと呼んだのだった。

しかし、こうした鏡像や他者、対象aを、主体に固有なものであり、主体を構成する上での重要な要因としようとするラカンの理論構成は、端から妨害されていく。鏡像はメディア化され流通してしまうから、他者のまなざしは果てしなく拡散してしまうし、対象aとかれが呼んだものも、譲渡可能な現実的欠片というその特質から、規格化されたモジュールとなって、マーケットに出回るようになってしまうのだ。

市場、マーケット、それはたしかにネットワーク化ということである。だとするなら、先ほどの議論から言えば、よりいっそう潜勢力が増すということになるはずだ。たとえば、他者と呼ばれているものが実の母親だけ、という、ごくごく少数者に閉ざされた空間であるよりは、全世界であるほうがよりいっそうの潜勢力の拡がりを手に入れられそうにも思われるではないか。

だが、だとするならばラカンは特にその理論的枠組みを変更することもなかったはずである。しかし、ラカンに理論的変更を強いた状況がそこにはあった。おおまかにいえばそれは、ここまで述べてきたように、人はネットワーク化することにより、本当に他者とつながり、その潜勢力を増していき、その増強した潜勢力の萌芽の一つとしての個人として生きることができたのか、それとも、みかけ上の拡がりをよそに、よりいっそうアトム化し、おのれ一人のエネルギーを燃焼させるだけに終わってしまうのか、ということになる。さきほどの下世話なたとえでいえば、媚薬かバイアグラかという問題がここにはある。

本章で描くことになるのは、後者の、個人のエネルギーを燃焼し尽くす方向に社会は移行しており、メディアはそのために用いられ、またそのエネルギーを利して存在しているのではないか、という流れである。それはいまやどこまで加速したのか、それをラカンの枠組みを用いて描いていくことにしよう。そのことを通じて、われわれが先ほど述べた「話はそれほど簡単ではない」理由もまた明らかになっていくことだろう。

あらかじめその見取り図を簡単に示しておこう。まず最初に、「情動の資源化」とでも呼ばれる動きが生まれている。その動きは、この章でわれわれが抑圧から排除への移行として示すものに乗っかっている。この一連の運動を素描しつつ、そのなかで、ラカンが言うところの「自己のイマージュの発生として示されるものよりはるかに根底的な想像性 imaginarité を構築する」ことの意味を問い直していくことにしよう。

3. ……利己的なディスクール

ジュリアン・ジェインズ畢生の奇書『神々の沈黙』[1]が、先年邦訳された。

同書には、一九七八年アメリカ心理学会賞受賞という麗々しい肩書きがついている。だが、その麗々しさにもかかわらず、この著作のストーリーラインは、まずギリシア古典からジェインズが再構成した、当時の人間の心のあり方のモデルを提示し、そのモデルの根拠を右脳・左脳説で裏付けるというもので、この単純さ性急さには、どうにも少しばかりいかがわしさがぬぐえない感がある。

とはいえ、この種の奇書特有の面白みとは別にこの作品が評価できるとすれば、それは幻聴、とりわけ言語幻覚を人間存在の基底に据えたことにあるだろう。そして、そのことによって、ジェインズの心のモデル化を用いれば、心的構造、技術、社会制度などを、この言語幻覚を処理するさまざまな装置の布置としてシームレスに扱うことが可能になる。メディア論の大家、マクルーハンがかなり早い段階からジェインズの仕事に着目していたことは偶然ではないことがよくわかる。

ジェインズは、イリアスに登場する登場人物は、われわれが持つような主観性を備えてはいない、というテーゼから出発する。まだ自意識というものは明確に把握されておらず、心の動きが内面と外面の対置される空間構造で説明されることがない。登場人物の意志は、外部から（おおくは神とされる）個々人に語られるものである。現在でも多くの慣用表現に残るように、感情も身体に生じる感覚として把握されており、その感覚もまた神からのメッセージを反映したものとされていた。

参考までに「ティマイオス」でのプラトンによれば、神からのメッセージの受信器官は肝臓であるとされている。なぜというに、鏡のようにぴかぴかの肝臓の表面は、神意を曇りなく写し撮るに好都合だからだ。ついでにいえば、肝臓は位置的には胃に近い。胃は大食らいのバカたちに象徴されるように、人間の貪欲を象徴する器官だから、神の使いをそばに置いて制御してやらないといけないのだ。

なにやら突拍子もない話だが、現在でもこの神話的想像力は健在である。たとえば電波系と

1　ジュリアン・ジェインズ『神々の沈黙―意識の誕生と文明の興亡』柴田裕之訳、紀伊國屋書店、二〇〇五。

いうことばがあるように、近代化されたテクノロジーをもちいた比喩に取って代わられてはいるが、たしかにこうした想像力は精神病圏の患者の物語の中にさまざまな形で登場することになる。

われわれは、ラカンがその「精神医学の唯一の師」クレランボーから受け継いだものの中心には、言語幻覚の活動を人間の基本現象として捉える見方があったことを知っている。だからこそ、ラカンは孫のリュック少年の言葉に、ささやかな真理を読み取ったのだ。

このように、言語幻覚を人間の基本現象として設定すれば、神経症と精神病を分かつのは、過度に単純化すれば、この「声」との関係の構造化のモードの違いであるということになる。言語は人間にとってつねに何かしら過剰な異物、寄生物であり、人間の中にうまく場をもたない過剰であり、そしてその過剰をどう処理するのか、その構造がいくつかあり得る、そのなかに神経症や精神病、ひいては個人の人格とされるものが位置づけられるということだ。それはつまるところ、こうした過剰な言語を安定させる諸々の諸装置の配置の違いということであり、われわれが以前の章で使った用語でいえば、制度ということになる。心的構造や言語幻覚を基本現象と見なす、というアイディアが可能となるためには、まずその前提として、基本的に言語とは共有されたものであり、主体はその創発者ではなく、受信媒体兼記録媒体でしかない、とする言語感覚がなくてはなるまい。かんたんにいえば、われわれを介して言語がしゃべる、ということだ。そのとき、われわれはあるディスクールの媒体でしかない。その様はどこかしら『利己的な遺伝子』が語る、遺伝子の乗り物としての人間という図式を思わせる。

このモデルを「ネットワークマシンの主体」と捉えるならば、同時に歴史上のどこかで「スタンドアローンマシンの主体」が出現したといわねばなるまい。そこではディスクールの循環と流通が、あるひとつの点で断ち切られることになるだろうし、そのおのおのの切断面が、われわれがなじんでいる通常の意味での主体と呼ばれることになるだろう。この主体は、その切断面をある種の外傷として反復することで、閉じたプライベートネットワークを作り出し、それでネットワークをエミュレートする。主体の言語行為は今度は主体を乗り物にするディスクールではなく、主体が創発するパロールという名を付される。

だが、そのように自分が発したと見えるパロールも、実はディスクールの切断面との潜在的なディアローグでもあることは忘れてはならない。そのディアローグの存在に気づくとき、われわれの中で語る異物のようなディスクールも再発見される。かつては神意と呼ばれたであろうそれは、「無意識を介してしゃべるエス」とされる。

年代測定は正確とはいいかねるが、おそらくデカルトからカントにかけての時代で、こうしたネットワークからの切断は明確に意識されはじめた。そして、ネットワークから切断された主体は、その残余となった情動をみずからの詩的想像力、象徴表現そして昇華、場合によっては症状というかたちで処理することで、新たな時代の、個として自律した主体となった。こうした変容のなかで、かつて神意とされていたものは、ヘーゲルが喝破したように、「自由と狂気の等根源性」へと姿を変えたのである。

アリストテレスの時代から、自然とは能産的なものであり、それはミメーシス、模倣とよばれていた。なぜなら、人間が人間を、カエルがカエルの子を産むように、同じものが同じものを生み続けていくその営みこそが自然であったからである。しかし、ケプラー以降、自然がフュシスとして能産的なものであった時代が終わり、数学的に表現される関係性へと姿を変えた。ちょうどその前後から、逆に人間主体は能産的自然として残された最後の砦となった。なかでもそれを担うのは芸術であった。それゆえ芸術創作こそが人間の条件となった。その芸術も、かつてのように自然の働きを模したものであってはならない。なぜなら、自然というのは、かつてのような能産的なものではなく、力学的、機械的必然性に従うものと解釈されるようになったからである。だから、人間がそれを模倣したところで滑稽でしかないのだ。自由の産出、自由による産出、自由意志を作動させ活用するもののみをアートとすべき時代になったのである。

「言語という過剰」が神意として解釈された時代、共同体とその成員は、その語りに共に参加し共有し、その過剰な力をひとつの神話に変え、制度化することで、過剰を制御してきた。創作はミメーシスであり、共有された潜勢力が触発によって伝わり開花するものだった。つまり、自然が同じものが同じものを生み出すミメーシスの働きによって成立していたとしたら、そのなかでも人間は、純粋にその模倣再現部分を取り出し、演劇やその他さまざまなことにそれを用い、そのことに喜びを感じることのできる生き物だ。だから、その意味で人間は、あらゆる種子胞子を発芽させることのできる豊かな土壌、あるいは土壌の持つ生産力であり再現力ないし再生力の純粋かつ最良のものであり、つまりは能産的な自然だったのである。序章で触れた「人間のメディア性」の最良のあらわれがここに見られる。

同じように、近代においても、詩的想像力による昇華は同様に、共有されることで過剰を処理するモデルを持たなければいけないはずである。しかし、このあと述べるようにそれを生んだ《他者》からの切断は、本質的に偶発的・特異的であり、それゆえに普遍的なものとしては共有されえない。それを補うのが市場という、ある種の普遍化の装置である。それゆえフロイトも創作活動は作品が市場に出なければ昇華の役割を果たさないとしたのである。

近代の社会はどこかで、共同体のコミュニケーションのもつ機能を市場での交換に置換し委ねた。このときから想像的なものは二重化し、一方には詩的想像力が残り、他方ミメーシスは潜勢力の分有ではなく猿まねとしての模倣となる。さらに、ここでは市場は抑圧と検閲の機能を果たし、主体の努力により、原抑圧を経て象徴化された作品しか受けつけないものとなる。同時に、能産的自然としての人間は、一般人というよりも芸術家、そのなかでも特に天才と呼ばれる人間に限定され、彼らはいわば自然の産物のように、天賦にして無尽蔵の産出力を与えられた、と見なされるようになる。十九世紀が天才論の時代だったのも当然であろう。それはかつての、無尽蔵な再生産の力を持った自然という世界観の、唯一の後継者だったのである。

4.……情動資源

このようにモデル化すれば、精神分析的な意味での「取り込み」が、かつて接続され、いまは接続が切断された他者（ラカンの術語では斜線を引かれた《他者》）の機能のエミュレートであることが理解できる。

この切断以降、かつてであれば「神意」といわれたであろうものは、今では身体に寄生する言語と化し、情動という名で呼ばれるものになる。エミュレートされた《他者》の役割は、神託を解釈する神官のように範例に応じてこの情動を主体化することにあり、その機能が無意識と呼ばれる。そうして導かれた解釈は感情と呼ばれる。

しかし、われわれはさらに新たな段階まで進んでいる。現代の心的構造の一つの特徴といえるのは、この《他者》の機能、情動を感情を変換する、抑圧者、検閲者としての《他者》の役割もメディアに取って代わられたことである。

「感動をありがとう」という決まり文句に見られるように、われわれは情動をみずからのなかの《他者》を通じて感情という「共通のディスクール」に変形し、それをコミュニケートするより、出来あいの「共通のディスクール」を感情商品として購入することのほうに慣れはじめた。映画やドラマは泣く笑うという明確に意識された目的のために見に行く。バラエティ番組のテロップは親切なカスタマーサポートで、せっかく購入した感情を利用し損なうことがないよう、事細かにどこで泣き笑いすればいいのかを教えてくれる。ただし、それを鵜呑みにする消費者はいない。再び声を与えられたこの《他者》は古典的な権威とは違う。しかし、メディアが「本当はそうは思わないが大衆はこういう話を聞きたがる」と信じ、消費者が「自分はそうは思わないが世の中のバカはこんなことを考えているらしい」と信じることで成立する曖昧でニヒリスティックな共犯関係によって、ある種の権威を獲得する。

前節からもわかるように、自然な人間性がメディアによって損なわれているという見方は、実はあまり意味がない。たんに、神意としての「声」あるいは情動と人間との関係に別なモードが登場し、かつて主体の内的な機能とされていた機構が部分的にアウトソーシングされ始めたにすぎないのである。だから、いずれにせよ一般にいう意味での主体の機能と目されている「自我」の仕事は変わっていない。もちろんそれは、かつてであれば無意識の、今であればメディアのメッセージに実は服従していることに気づいていないという意味ではない。むしろ、自我はみずからの感情にまで自覚的・再帰的な「賢い消費者」となり、情動を投資して好みの感情を買い、そしてその感情を堪能する自分を享楽している。

ただし、その様式の変化から来るいくつかの影響もあるように思われる。

第一に、自然と同様に情動という資源は無限ではない。われわれは情動を提供し、それを感情に加工してもらう。このモデルは第三世界の経済と異ならない。われわれは一次資源の産出地でありながら、それをみずから加工する術をもたず、かえって加工製品の輸入に依存している。こうして、われわれはいまや誰もが軽い依存症者になり、逆に社会はあらゆるところに依存症を見つけ出す。

第二の影響はそこから帰結するもので、自我はいまや外部にある《他者》とのネットワークの維持に全力を尽くさねばならなくなる。《他者》からの切断、隠れたる神を己の自由と創発性の条件とすることができた時代とことなり、現代的主体はこのネットワークが切断された場合、過剰な情動を処理することができない。後に触れるように、これは抑圧モデルから排除モデルへの移行であり、ラカンが言うように、排除されたものは現実的に、意味不明の暴力や幻覚として帰還することになる。

第三に、意識と記憶という、フロイトによれば本来排他的なふたつの能力は、記憶をネットワークに委託した後、意識に重心をうつすことになった。ネットワークから切断された状態でも他と同期して動作可能なよう、モラル、規律といった一定のパターンをプリインストールされた、かつてのスタンドアローンな主体に比し、ネットワークの主体は、情報や記憶をネットワーク上で共有し、それを共有する相手とスムーズに同期を取る能力のほうが重要となる。P2Pのシステムがそうであるように、ネットワーク化した社会における記憶とはネットワークの存在そのものであり、個人での保存は以前ほど重要ではない。同時に、感情の場合と同様に記憶に関しても、記憶媒体の助けを借りて日々の行動を網羅的に記録することに対する依存性が高まっていく。

5. 抑圧から排除へ

こうして、われわれがこれまで馴染んできた《他者》からの切断、あるいは個人と社会との

「疎外」は成り立たなくなる。《他者》はふたたび露わなものとしてわれわれに語りかける。ただし今度はプラトンの「肝臓に」ではなく、ワイアレス端末に。

しかし、ここでわれわれはもうひとつ、最初の二分法の問いにたどりつく。《他者》のネットワークの再登場、ならば、それは潜勢力という土壌の再登場につながるのだろうか。

しかし、前節末尾で書いたように、情動は依然として個としての主体にのみ存するものであり、個としての主体からのみ収奪するものであるように思われる。だとするなら、そこにはなにかの構造の変化があったものと考えなくてはならないだろう。

ここでは、それをこういう風にモデル化してみよう。この切断の補塡は、もうひとつ別の変化を引き起こした。それは、意味と謎から構成された「世界」、そしてその謎の解釈主体として成立した「主体」という一対から、情報とノイズから構成された「環境」、そしてそのノイズをカットし情報に反応する「エージェント」へという一対へと移行である、と。そして、そのことによって、あくまで個をアトム的な個として維持したまま、ネットワーク化することを可能にしたのだと。

それを説明するために、ここでは抑圧と排除という語を導入しよう。

フロイトが『否定』という論文の中で明らかにしたように、人間がものごとを判断するときにはいくつかのやり方がある。フロイトが「排除」と名づけたのは、対象を快・不快という属性で判断し、不快と判断されたものは端的に認識されない、つまり知覚されても象徴的な世界に組み入れられることもないまま記憶から排除される、という様式である。他方で「否定」とは、不快なものの存在そのものは認識され、記憶され、しかるのちにその不快な対象自体の表象は抑圧され、異なった姿で象徴的に表現され、回帰してくる様式とされる。

ラカンがその初期に、象徴的なものが想像的なものに対して優位に立っている、と唱えていたことは確かである。しかし、ラカンは次第にその鏡像の中に映らないもの、裂け目、トラウマ的と呼ばれる偶発的な情景の重要性に着目するようになる。それは不安というある種の空虚を生み出し、かつての「想像的なもの」はその裂け目を埋めるためのものとなる。つまり、イメージはイメージの中の欠如によって生み出されるものとなる。そして、その偶発性の故に、それは主体の特異性を保証するものでもある。主体はこの空虚を内側に空胞のように抱え込み、無意識はその空虚を徴づけるフレーズを巡る諸々の解釈の集積として、症状という隠喩的な形で問いを投げかけ続けているものとして定義される。われわれが前節で《他者》からの切断と呼んだのはこのようなものであり、それは「原抑圧」と呼ばれてもいる。

こうして、抑圧とは本来ノイズと思われたもの、不快なもので、既存の体系の中に何かしら断絶を引き起こすようなものがまずあり、それを直接そのものとしては認識できないかもしれないが、他の形で置き換え、象徴化していくことでそれを再吸収しようという試みであると定義することができる。このように、ある種の空虚や亀裂が内包されることを前提に、その内包された空胞を巡る一連の象徴化の体系として、残りの体系全体を再配置することが、抑圧の論理である。

こうした考え方は、じつは社会政策にたいする基本哲学の基盤としても考えることができる。ご存じのように、政治とは社会的公正を実現するべきものであり、社会的公正とは公正な分配に基づく、というのが、政治の一つの側面として指摘できる。

だが、問題なのはこうした分配の対象となるのは、貧困富貴の差はあれど、あらかじめ社会にすでに登録されたものたちでなければならないという点である。しかしながら、世の中にはどうしてもこうした社会的登録から漏れてしまうケースも存在する。よく知られているのは、住民票がなければ諸々の社会福祉政策の受給者にはなれず、受給者になれないため援助の手が届かないがゆえに定住できず住民票をもてず、というあの堂々巡りである。

本来政治的決断とは、こうした堂々巡りをどこかで打破する、ノイズと見えたものを非ノイズに、不可視と見えたものを可視化する試みであるはずである。精神分析でいう「父の名」とは、ある面ではそうした決断の論理を支えるものである。父の名が象徴するのは、誰が父親であるか厳密にはわからない、婚姻関係のなかの偶発性、ノイズとして生まれてくる子を、汝の妻から生まれた子は汝の子である、という象徴的規則のもと、みずからを父に変形させることで子として存在せしめるという、ナザレの大工ヨセフの論理である。

その意味では、こうした決断というのは、共通単位なき交換、とわれわれが以前の章で呼んだものをまさに具現化したものといえる。それは、おそらくラカンが「根源的な想像性」と呼んだものに近いのではないかと、さしあたりここでは暗示しておこう。すくなくともそこには、言語の既存の体系内で許された等置、並置を逸脱してことばをつづることで、逆にそのことばの体系の中にあらたな意味を登場させる、詩的隠喩の最初の胎動が見られる、とはいってよいだろう。

さて、それに対置されるものとして、排除の論理がある。

まずは精神分析的な見地から説明をはじめよう。シャルル・メルマンら現代の精神分析家の一部の主張によれば、近年の患者の症状の特徴の一つは、このような置き換え、表象代理を用いた象徴表現がますます失われ、より直接的な享楽の露出へと変化した点にあるとされている。そこでは分析家の役割も、複雑な象徴的置き換えの解釈という象徴化から、この露出した享楽に名を与えるという表出へと変わっていくという。それはつまり、既存の体系をよりいっそう細分化し、科学と統計の助けを借りて、こうしたノイズを再分類することで吸収しようとする試みである。たとえば、社会的に見てやや逸脱的と思える行為を好んでとる主体が存在するときは、その主体の行動を細かく区分して、〇〇性人格障害といった名前が付くようなものである。同時に、そこには投薬や行動療法によって身体へ影響を与えることが可能である、というような形で、現実的なものに呼応していることを実感させることができる裏付けをもつ場合が多いのも特徴である。

こうして、こうした空虚を象徴的に可視化し存在させる手続きが崩壊しはじめる。《他者》からの切断という事態に対し、この空虚をうちに抱え込む主体という「否定」のモデルはメディアによる切断の補塡による「排除」のモデルに浸食されつつある。それと並行して、社会の中に主体を生み出す言説構造も、ラカンが「知のディスクール」と呼んだものへ移行する。

こうした変化を支える論理を、さきほどの父の名の例で考えて比較してみよう。まず、ノイズとしての子供の誕生を受けて、みずからをみずからの決断だけによって父親と変化させることで、ある男の子として社会に登録する、という試みは、こんにちの「知のディスクール」の中ではお話にならない時代遅れの論理である。われわれには遺伝子解析がある。こうして、ノイズをまるごと抱え込むような大ざっぱなやり方ではなく、厳密にその子が男の遺伝子を受け継いでいるか決定される。その決定の後、その子をどうするのか、というレベルにはこのディスクールは踏み込んでこない。たしかにこれまで述べた「父の名」のモデルとは、現実的な位置づけが不明なものを象徴的な、つまりは虚構でカバーするというものであり、その虚構は社会全体によって支えられるしかないものであった。そのような虚構は、全体として衰退していくことになる。

同時に、それは父の名が父性隠喩の名で語られることからも分かるように、隠喩の終焉でもある。父性隠喩は世界のなかに生じた偶発性、ノイズを可視化するために世界自体に手を加え、世界をそのノイズの隠喩的な表現と読み替える。それはラカンの言うように、詩的言語が「あらたな経験の次元を開く」ということと同義である。この意味で、アウシュビッツ以降であるかどうかはさだかではないが、詩は不可能に近づきつつあるのかもしれないということを、上述の変化は物語っている。

6. ……環境の誕生

とはいえ、そのように科学的であり、かつ有効であるなら、そこに何の問題があるのだろうか、という意見はもっともである。じっさい、はっきりと否定的な側面は一つしかない。それは、多くの「専門家委員会」の答申がしめすように、「知のディスクール」はノイズを分析した後始末には立ち入らない、ということである。たとえば、分類、分析や矯正といった計算に入れられないものは、それはもう「生まれながらに（遺伝子的に）なにかおかしい」とか、そういった他性としてしか扱い得ない。同時に、「父の名」に見られるような、ある種社会的虚構でしかないものへの嫌悪はますますはっきりしてくる。おそらく人権ということばは、その嫌悪の対象の最たるものだろう。

こうした状況下では、あるいはサッチャーが宣告するように、社会は存在しないのかもしれない。すくなくとも、かつてのように象徴的に再編しうる社会、あるいは哲学的に言えば「世界」はそこに存在しない。そこにあるのは、ただただそこに適応するしかない「環境」である。環境とは第二の自然あるいは人間環境と化した市場の圧力や、あるいは最終的にはその圧力のうちに包含されることになる、社会的なコストの計算であり、適応とはその「社会的リスク」の計算である。

ここでは「あらたな経験の次元」は不可能である。手段を持っていないという以前に、われわれはそれを可能にする論理さえ、もはや持っていないのだ。世界に取って代わるのは極限化された交換、抑圧なき交換としての環境である。たとえば、グローバル化した金融資本や、あるいは簡単に「市場の圧力」と呼ばれるものなどがそのひとつだろう。マクルーハンが予言したように、「情報が電気のスピードで動くとき、トレンドと噂の世界は『現実』となる。」

これがコジェーヴのいう「動物化」つまり環境の中に埋め込まれた生物という意味での動物化だとしたら、その裏面は「動物化したものは動物として扱われる」というごく当然の結末である。われわれはすでに、情動が開発資源となっていることを見てきたし、同時にそれが適応すべき環境となるほどに心的装置が柔軟に構造を組み換えていることを確認した。

こうして、われわれの時代は、ネットワークが過去に例を見ないほどに遍在し、あり得ないほどに高速化した状況に置かれたにもかかわらず、むしろ個はよりいっそう孤立してしまい、個々が別々に、ばらばらに環境の中に適応することを強いられ、しかもその目的のために持つ手段は、個としての限られた情動を最大限に燃焼する以外にない、という状況になっているのである。


この状況でわれわれが感じる人間的な「リアル」とは、純粋に生物学的な意味での身体と不安という根源的な情動という組み合わせか、あるいは保険業者がわれわれに将来像として差し出してくるような、コスト計算された人的資源としての人間と、手をつけることのできない、淘汰説的な意味での自然となった人間環境の組み合わせ、この二つである。

しかし、仮に精神分析の教えるところに従うとすると、象徴化から排除されたものは現実的に回帰する。たとえば、隣人は回収不能なリスクを引き起こす言語の通じぬ動物のように思え、犯罪者はすべて矯正不能な遺伝子異常の動物に思え、感情は不安に収斂される。

さらに、あえて古色蒼然とのそしりを引き受けていえば、情動はどういうわけか、他者との接触によって始めて「触発」され生み出されるものらしい。購入した感情で更に情動をかき立てようとするだけでは、再生産に限りがあるものらしい。資源は枯渇気味なのだ。そもそも資源はその定義からして増えるものではありえないのだが。

マルクスがフロイトとともに「症状」という言葉に依拠した思想家であったとするなら、それはマルクス的な症状が、「こいつらがいなければうまく行く」として排除されるようなものがじつは「どこまでいってもこいつらは生まれてくるどころか、こいつらを抜いたらうまくいっているものまでダメになる」もの、つまりその社会の「真理」であり、それを表現できるよう言説を組み換え再配置してこのノイズを象徴化しなければならない、とパラフレーズできる点にある。逆に、実は社会全体そのものが、その排除された対象をメタフォリカルに表現するものである、と見なしえたとき、始めてひとつの社会として「主体的に」存在するともいえる。このことは、ラカンが晩年に、神経症の解消を「症状への同一化」と述べたことと同じ構造を持つ。

そうしたわけで、あの《他者》の切断から生まれる空虚、「声」を響かせるための「空胞」

を、あるいは「欠如としての主体の絶対的な特異性」としての「根源的な想像性」を、この世界にどうにか残しておくことにもなにがしか利点があるだろうとわれわれは思うのである。

われわれは情動というノイズを統計向けに細分化して分類し、それに見合った感情を（時には精神薬理学の助けを借りて）買うのではなく、むしろそれをみずからの詩的想像力として、あるいは歴史として主体化する術はないものか、すこし考えてみてもいいのかもしれない。

『大航海』No.59（新書館、二〇〇六年）掲載「メディアの情動経済」を改稿

VII

夢語りの場の実践

「夢語りの場」イベントの経緯

京都東山。清水寺や八坂神社、高台寺といった著名な観光地の近く。だが賑わいからは少し離れ、長い石段を山側へ登ったところ。その「正法寺」で、二〇〇六年冬、「夢語りの場」という実験イベントを行なった。会場として、他にもいくつかのお寺が候補に挙がっていたが、佇まいの閑静さや、見晴らしの素晴らしさ（京都を一望できる！）という魅力も手伝い、最終的に此処に決まった。実はここは、「夢語り」に縁深いお寺でもあったのだが（本章三二二頁参照）。

このイベントが企画された経緯は、次の通りである。精神医学・精神分析の領野で夢を研究していた新宮と、日本の中世における夢語りの文化を研究していた酒井との出会いがあり、そこで、この現代において中世のように夢を語ることは可能であろうか？　という興味が芽生えた。そんな興味から実験的イベントを行なう計画が組まれた。現代に、中世の「夢語り」を再現させてみたらどんなことが起こるだろう？　寺を会場として選んだのも、そういった理由である。そこに、共同研究者として、丸山・信友が参加した。四名は、数回の勉強会を開いて互いの研究を分かち合い、イベントに備えた。また、こうしたイベントの際に起こりうる様々な事態とその対応について考えるため、集団療法の専門家であるメッド・ハフシ氏を招いて講義をしていただいた。

最大の問題は、イベント参加者を、どのような母集団から・どのようにして募集するか、ということであった。当初、私たちは、精神分析などの知識を特に持たない一般の人々からまったくランダムに募りたいと考えていた。年齢も立場もばらばらで、共通の予備知識もない人々が夢を語り合ったときに、どんなことが起こるかを知りたかったからだ。そのために繁華街でビラを撒くなどの募集方法も考えたが、残念ながら準備時間が足りなかったことと、また、こちらの手に負えない何らかの事態が起こったときの困難なども考え、結局は、新宮の受け持つ講義に出席する学生たち中心に募集ビラを配布するという、穏当な募集方法となった。募集ビラの文面は、次の通り。

●〈人に聞かせてみたい夢〉・語り手募集

こんな夢を見たけど、自分だけだろうか？　と疑問に思ったことはありませんか？　夢は個人性が強い反面、共通の伏流メディアのようにも働きます。日本の中世社会では、人に代わって夢を見るということさえ、行われていました。その頃、夢を語り合うことは、社会活動の一つでした。もし今、中世のように我々が夢を語り合ったら、何が起こるでしょうか？　冬の京の寺に一堂に会して、試してみましょう。題して「夢語りの場の生成」という実験イベントです。

●夢の語り手を募集します。

下にこれまでに見た〈人に聞かせてみたい夢〉の概要を書いて、応募してください。（当日の発表には、提出後新たに見た夢も歓迎です。当日はできるだけ詳しく、印象的な場面だけでなくその前後も、紙に書き付けておいて、読み上げる形で発表していただきたく思います。）

とき　二〇〇六年一月九日、一一時～一八時（予定）

ところ　東山の正法寺（東山安井から山側に少々登ったところにあります）。

日当や交通費は出ませんが、お昼時にはお弁当が出ます。一堂に会することのできる人数には限りがありますので、応募者多数の場合は抽選とします。当選された方には、詳しい案内をお送りします。また、参加者にはこのイベントの成果について、随時お知らせします。申し込みには、本年一一月二二日（木）必着で、この用紙を郵送（または授業の前後に手渡し）してください。

参加希望者には、語りたい「夢の概要」と連絡先を記入してもらい、新宮研究室まで送付してもらうこととした。募集期間はひと月もなかったが、語り手として、一〇名前後の希望者が集まった。彼らには、次の案内状と会場地図が送られた。

●〈夢語りの場〉への御案内

皆様、

実験イベント「夢語りの場の生成」に御応募くださりありがとうございました。どうぞ語り手としてお越し下さい。場所、日時などは下記の通りです。また、地図を同封しますので、お確かめ下さい。夢のお話を楽しみにしています。

京都大学　新宮一成

追伸　なお、急な御都合が生じた場合の連絡は、前日までは、新宮まで、また、当日は、下記正法寺まで直接に、お願いします。

（略）

当日は、肌寒いながらもよい天気となった。集まった語り手は一〇名。それに、新宮・酒井・丸山・信友と新宮研究室員である牧瀬・村田が、スタッフとして加わった。参加者はお寺の一室に案内され、輪になって座した。当日のプログラムは、左の通りである。

〈夢語りの場の生成〉プログラム

二〇〇六年一月九日（月・祝）、一一時〜一八時。

11：00　開会あいさつ、自己紹介
11：10　お話1　酒井紀美「中世の夢語り」　お話2　新宮一成「無意識の伝達」
12：00　夢語り（全体1）
13：30　昼食
14：00　夢語り（サブグループ形成）
16：00　休憩
16：15　夢語り（全体2）
17：45　〈フォローアップについて〉　その後に見た夢・その後の関連する経験
18：00　解散

まず、イベントの様子を録画・録音しても問題がないかを全員に尋ねたうえで、それを許可してもらった。それから、スタッフも含め、全員に名札をつけてもらった。「匿名でもいい」ということにしたものの、匿名にした人はいなかったようだ。その後、一同、軽く自己紹介をし合った。参加者は、やはり学生中心ではあったが、性別は勿論、年齢や職業にも或る程度のばらつきは出た。だが、全員がまったくの初対面同士というわけではなく、知人・友人同士や、親子同士での参加者も含まれていた。夢を語る順番は、あみだくじで決めることとなった。ストーブを囲んで暖を取り、お茶やコーヒーを飲むうちに、雰囲気も和やかなものになっていった。

途中の「サブグループ形成」というのは、ハフシ氏の講義の中で、大きなグループをいくつかに分割してみることが、集団療法の際の混乱を調整するために有効であると聞いたためである。その後、サブグループ内で話したことの結果を、各サブグループの代表が伝え合うのだが、今回の実験でもこの手法を使うことは意義がありそうだと思われた。中世の夢語りでは、ある集団の中で夢が語られ、その中で何らかの合意が形成されてゆく。そして、のちに歴史家が見れば、まったく別の集団の中でそれと同じような内容が語られ、同じようなことが起こっていたりする。では、個人と個人の間だけでなく、グループとグループの間でどんなコミュニケーションが起こりうるか、ということも、今回観察してみたかったのだった。今回、サブグループは五人ずつ二つに分け、分け方は、やはりあみだくじで決められた。

昼は、お堂にて、仕出しのお弁当をいただいた。お堂ということで荘厳な雰囲気ではあったが、ある参加者がここへ来る途中で賽銭泥棒に遭遇した、というエピソードが披露されるなどし、笑いも沸いた。食後は、このお寺にある、三十弦の琴を見せていただくことができた。

会の全体的な印象としては、当初私たちが恐れつつ期待していたような、夢を語り合う過程で誰かが余りにも突飛な、或いはオカルト的な主張を始めるなどの事態は起こらず、比較的穏やかな会となった。これは、夢を「科学的」に考えるという姿勢を持った人が多かったためであろうか。夢と夢を無理矢理にでも連想によって繋げればどんな合意が形成されるのか知ろうとして、新宮が、より破天荒な発想を引き出そうとする場面もあった。しかし、夢語りの最中に新しい夢が産出されるという事態（二九九頁章参照）は、よもや誰も予想しておらず、これは面白いハプニングであった。しかも、語られた夢を取り入れる形でそれが行われた点が、興味深く思われた。

会は、予定よりやや遅れて閉会となり、正法寺の庭から、遠く大阪まで望むことができる夜景を観て、解散となった。

（文責　村田智子）

イベントスタッフとして参加して――〈夢語りの場の生成〉における「死」

長く続く石段を登りきった寺内で、夢の世界の階段を一段ずつ踏みしめながら、夢を語り始める。ふと、我に還る。他者の夢の中で懐かしい人々と出会ったような気がする。つまり、他者の夢を聴きながら、あたかも自分が夢を見ていたようである。そのとき、夢は自分のもの、他者のものという「所有」の壁を超え、ひとつの空間を形成していた。それは、「死」の世界のようなものではなかっただろうか。

そう言えば、正岡子規は病床に臥しながら、岡の上に上り女性と出会う夢を見た。「ある岡の上に枝垂桜が一面に咲いていて其枝が動くと赤い花びらが粉雪の様に細かくなつて降つて来る。其下で美人と袖ふれ合ふた[1]」夢である。私は以前この夢を考察し、子規がこの夢を介して初めて言語を獲得した際の記憶を再構成し、自らの「死」を位置づけようと試みていたと述べた。[2] そのとき子規はすでに死の床にあり、寄り添っていたのは母であった。

私もまた正法寺の夢語りに参加しながら、なぜか慣れた感じで女性に手を引かれながら、もと来た道を下りて行くヴィジョンを見ていた。雨で煙った道の先は、不気味なほど何も見えなかったが、恐れは全くなかった。懐かしさが私を包み込んでくれていた。私もまた子規と同様に夢語りを通して、自らの「死」を位置づけようとしていたのかもしれない。他者によって語られた夢の中で手を引かれていた私は、言語を獲得する以前のような寄る辺ない存在に戻っていたのである。もちろん、私は子規のように迫り来る「死」と直面していたわけではない。しかし、他者の夢の中で幾多の他者の「死」に出会い、目覚めとともに「死んではいなかった」という形で自らの「死」の知を獲得し、改めて生を実感することができたのである。

このことは、私だけの体験に限ったものではなかったのかもしれない。夢語りが行われた数日後、参加者のひとりが次のように述べていたのを思い出す。「夢語りを共にし合った人とたまたま道端で出会ったが、一度会っただけの関係のはずなのになぜか昔からの知り合いだったような気がした」と。このように感じたのは、私と同じく他者の「死」との出会いを共有し合うことができていたからなのではないだろうか。そこで扱われ

1 正岡忠三郎編『子規全集 第22巻』講談社、一九七八年、二七一頁。
2 牧瀬英幹「正岡子規の病と夢」『日本病跡学雑誌』No.71、二〇〇六年、二四-三三頁。

ていた「死」はもしかしたら私の「死」だったのかもしれない。

夢を語り合うこと、それはある面において他者の「死」の集積である夢の空間に触れ、そこから「否定」という形で「死」の知を受け取ることなのではないだろうか。夢を語り合うことは、「死」の意味を見失いつつある現代という時代において、「死」を意味づけながら「生」を営む一つの技なのかもしれない。


（文責　牧瀬英幹）

夢語りの記録（抜粋）

夢語りの場では一〇名の参加者により二十数個の夢が語られた。それらの夢を報告し合いながら参加者とスタッフは夢についての疑問や連想を語り合った。本来ならばその全ての記録を読者にお見せしたいところであるが、紙面の都合上、ここではその抜粋を掲載する。夢の掲載の順番はその日に語られた夢の流れに従っている。これらの夢については本章の中で各執筆者によって何らかの言及がなされるであろう。

尚、参加一〇名はそれぞれA、B、C……とアルファベットで表記させて頂いた。

●Aさんの夢
他の惑星か、何かの基地に派遣されている。乗り物に乗っているのですが、その乗り物に、何かが降ってきて、よく見たら初めて見るタイプの生物で、死んでいた。地球より高度な文明の生き物だったんですが、それが死んでたっていうことで問題になりまして、一戦交わせて、地球側の基地が占領される。ああ死ぬのかな、早く兵役終わらないかな、地球に帰りたくないな、死にたくないな、と思っていると、平和のうちに地球は占領されることに決まって、ほっとする。

●Bさんの夢

ファミリー・レストランか、広い喫茶店のようなところ。電話をかける用事があって、公衆電話のようなものを探す。小中高一緒だったけれどもう十何年会っていないXくんに電話をする。仕事でXくんに電話をする必要がある。お店で見つけた電話は、プレステ2か、オーディオのCDプレイヤーのような、黒い四角い箱で、クレジット・カードをリーダーで読ましして、プッシュだったと思うんですけど、ダイヤルするような形式。

その電話で話ができたのか、できたのかできなかったのか覚えていませんけれども、そのカードで読ませるんですが、支払いで、支払伝票がお店のレジにあって、店の店主らしい人が、そのカード利用の詳細伝票を大きな声で読み上げたんです。読み上げてるところはレジですけれど、職場からの給料とか全部その伝票に書いてあって、会社の社長の名前が読み上げられます。そのときに、そもそもそういうふうに読み上げてるのに対して、これは個人情報の漏洩だと思って、かなり腹を立てていまして、レジはかなり遠くにあるんですが、店長のところに詰め寄って、僕は抗議します。店長の対応は誠実ではなく、まともにやりとりしてくれなかったので、腹が立ったままおさまらない僕は、その店長の首をつかまえて、羽交い絞めにしたまま、店の他の場所に陣取っていた家族のもとへ、その店主を引きずっていきます。

そこには、父親と母親と妹なんかが食事をしているんですけれども、僕は、父親に事情を話して、個人情報保護法案が成立しているようなときにこのようなことになったのは問題である、違法だ、というようなことを言って、店主に改めて抗議してくれと、父親に頼みます。そこで父親が何て言ったかはっきり思い出せませんが、店主をなだめるように、それでも店主の対応には問題があるといったような、そういったようなやりとりをしていたと思います。で、家族がいた席から、店の入り口のほうに、いわゆる普通の緑の公衆電話があって、これを使えばこんな問題は起きなかったなあと考えて、「携帯電話を持たない人間は住みにくい」と、そういう考えが浮かんだところで、目が覚めました。

なお、夢報告のあとの会話の中で語られたのだが、Bさんの父はこのときすでに亡くなっていた。

●Cさんの夢

夢の中で僕は小学校の中に立っていました。実際にその小学校は実家の向いにあるんですが、その小学校は家から見ると中庭が見えて、その後ろの方に校庭があるんですけど、僕はその中庭に立っていて、家の方を向いて、中庭から抜けて正門から家に帰ろうとしてたんだと思います。テクテク歩いていくと、その中庭の校舎が中庭を囲むようにU字型にあるんですが、僕はこのU字型の中庭でこっち側に家に帰るように歩いていたんですね。そうしたらこっち側の校舎に下駄箱があるんですが、そこで中学校の友達にプールに誘われました。僕はすごく行きたい気持ちはあったんですけど、断って門を出て家に帰りました。

その家っていうのが、自分の家なんですが中の内装が全く違っていた。気付いたら屋上にいて、屋上から学校の方をもう一度見てみると、先ほどの友人が他の友人も連れてすごい怒った状態で僕の家に向かってきていました。実際にぶあーっと走ってきて、家の玄関を開けて、集団でどかどかどかと家に上がりこんでくる様子を屋上から見ていました。家の中の階段が何故か螺旋階段になっていて、螺旋階段の途中にある僕の兄の部屋があるんですが、何故かそこに友人が流れ込むのを僕はすごく恐れて、友人達が兄の部屋に入る前になんとか止めなければ、と思って下りて行った。友人に出会ったときに、僕は階段の上にいたので、とび蹴りをして集団の中に飛び込んで行った。そのまま数人の友人を殴ったりなんだりしながら玄関まで押しやりました。誰だかわからないんですがその中の一人が学校まで逃げて行って、僕はその人を追いかけて行って、僕は小学校の正門の手前から学校の中を見ると、友人が悪魔に変化していまして、すごい大きな悪魔で、色は灰色。西洋の教会などにあるガーゴイルみたいな悪魔でして、僕の背丈の何倍もの大きさの悪魔で、僕に背中を向けて何かを探している様子でした。僕は門の中に入らなかったんですけど、正門の前に立ち止まっていると、僕の実家から先ほどの複数の友人達は、僕が殴ったりなんだりしたので僕に怒っていて、走ってきて僕は追いつかれました。集団に囲まれて、僕はもうダメだな、と思って、地面に膝をついて、殴られるんだろうな、と思ってうずくまっていると左肩から右肩にかけて熱線をジュッと押し付けられたような感覚があって、痛いなと思った矢先に目が覚めた。

●Dさんの夢

大学生になって以後、中学・高校時代の色々な場面に戻る夢ばかり見るというシリーズ夢。

どんなシチュエーションがあるかというと、普通に教室に座って授業を受けているとか、遅刻しそうで走っていたり、授業の始まる時間で時計を見ていたり、悠々間に合う時間にいつもと反対方向から学校に向かっているとか。とにかく一揃いあるという感じです。クラス替えというのもあったりするんですが、その中には中・高の友達だけではなく、大人になってから知り合った人がいたりもする。教科担当の先生の発表とかもあったりして、また副担任はあの先生だとか、もろに高校生同士のような会話を、それ以来軽く十年以上経つのに、夢の中では高校生になって話している。その他、修学旅行、学園祭の演劇でセリフを忘れたというのもありました。高校の体育館の人ごみの中で誰かを捜していたというのもあった。まったくこの十代の自分になりきるような夢というのを、卒業直後からかなりの頻度で見ていて、それ以外の時期はほとんど見ないというのが私の夢を見るパターンで、絶えずこういうのをシリーズとして見ている。これは一生変わらないと思っている。

●Eさんの夢

Eさんは当時とても気にかけていた患者さんを後輩の先生に託して転勤し、その一年後にこの夢を見た。また、Eさんがこの夢を見た一年後、この患者さんは急死した。

それはまだ僕がその子の主治医ということになっていて、本当の主治医はそんなことはしないんですが、週末の外泊のときに、何故か僕がその外泊に付き添って家まで送っていくというシチュエーションなんですね。それで電車を乗りついで、僕一人でその子を家まで連れて行くんです。そこの家に着くと、表はすごくメカニカルな感じになっていて、何を作るかというと豆腐工場。それで白衣を来た職人さんたちがきびきびと働いている。そのお母さんに外泊に来ましたので送ってきたということを伝えます。そしたらちょっと上がっていってくださいということで裏に通されます。裏の部屋から外を見ると、一面の湖。非常に透明度が高い湖で、皆さん普賢菩薩というのをご存知でしょうか？普賢菩薩は象に乗っかっているんですが、湖を見ていると普賢菩薩が乗っているような象が列を成して上陸してくる。これは不思議だなあと思いつつも、病院に帰らなければいけないので、その家を辞して病院へ帰ろうとする。駅へ向かっていると排水口のようなところからどんどん水が湧き出てくる。透明な水です。これじゃ駅へ帰れないじゃないか、と思いつつ足下を見ると、足下に円形のクラゲがたくさん泳いでいる。

●Fさんの夢

うとうとしているときで、知覚とか全然現実で、目は開いているんですけど、半分夢を見ていて、何か考えていることがすべて読み取られている気になって、頭の中で声がするっていうか、いまこう、何か考えようとしたら、いまこういうことかんがえてるんでしょ、みたいな声が頭の中ですごくするって夢を見たことがあって、これは夢に違いないってそのときおもったら、「夢に違いないって思ってるでしょ」みたいに言われたりして、すごい恐かった。

●Gさんの夢

自分自身は暗いとこにいて、目の前にモニターみたいのがあって、そこからお袋がラーメン注文して食べる様子が見えるんですよ。ラーメンの濃いのを頼んで、お袋がそのラーメンを食べたら、何か僕の体が痒くなってくるんですよね、「ああ、痒い、これはお袋がラーメン食べたからだなあ」とか思いながら、たぶんそこら辺から記憶はとぎれているんですけど、それで五歳くらいの時に「何でラーメン食べたんだよ」って母親を実際に非難したことがあった。

これはGさんが五歳以前に見た夢。母を非難したという五歳の時には、軽いアレルギーがあり、この夢を見ていたためか、それを、母がラーメンを食べたせいだと考えた。現実に母は、妊娠中に、止められていた体に悪そうなラーメンを食べたことがあったそうだ（実際はアレルギーとラーメンは関係なかったようだが）。

●Fさんの夢

Fさんが小学校の低学年くらいに見た夢。とても鮮烈な夢だったためFさんはその後この夢を何度も繰り返し思い出した。そのため、この夢は今でもとても鮮明にFさんの記憶に残っている。

家族である日出かけることになったんですけど、弟は家族の中にいなくて、私の頭から消えてて、弟以外の四人で父の車に乗って家から出かけたんですね。そうしたら近所の歩いても二〇分くらいで、車で行ったら五分くらいの公園、広い公園があって、そこでなぜか私だけ降ろされてしまった。その公園には小学校の同級生の同じ年の子達がたくさん居て、でも家族は誰も車から降りなくて、それで私は誰から何を言われたのでもなく「ああ今日でもう家族とは離れるな」ってそのときに理解した。でも公園にいた同級生の友達たちは、今日から子供達だけで生活出来るねって喜んで遊んでいて、私は家族だけが先に行ってしまうのがすごく悲しかったけど、友達とかすごい笑って遊んでるから、一緒に楽しく遊ばなくちゃって思った。

●Hさんの夢

私はおばさんの家に居候していることになっています。そのおばさんというのは実際のおばさんじゃなくて、全然知らないおばさんなんですけど、夢の中ではその人が私のおばさんということになってて、その家に居候しています。その家には中庭があるんですが、その中庭のところに洞窟があって、ある日、私は中庭からその洞窟を駆け抜けて行きます。洞窟の中はそんなに暗くない。駆け抜けて行くと、突き当たりに木の扉があります。両開きの、白雪姫の物語に出てくるような重厚な木の扉で、両開きになる木の扉をかーって開ける（手で横に開く仕草）。全体的にあの中世のおとぎ話のようなそんな世界に居るんですけども、扉を開くとおばさんが私に背を向けて立っています。そして、そのおばさんが、地面の上に、土の上なんですが、何か白い模様を描いています。それを見て私は、すぐにそのおばさんが黒魔術をかけていると、咄嗟に悟ります。で、私は目撃してしまったので、驚いておばさんに気づかれないように後ずさりをしようとします。そこにそのおばさんの旦那さんが農作業から戻ってきて、私と同じようにおばさんが黒魔術をかけているところを目撃してしまいます。おばさんはおじさんに気づいてしまい、私は「おじさんが殺されてしまう」と思います。

私は自分だけ洞窟を戻ります。洞窟を戻って中庭に戻ると、そこに私の姉妹という設定になっている人たちが二、三人いて、中世の貴族のような衣装を着て居るんです。何かの楽しげなお茶会みたいな感じで、その姉妹の子供達もいて、その子供達も二、三人いるんですが、中庭ではしゃぎ回っています。その姉妹が子供達に静かにするようにと優しく注意しています。

そこで場面ががらっとかわって、もしかしたら別の夢になっちゃったかもしれないんですけど、私は現代にいて、車の中にいます。車は、広大な平原の中で、一台だけ止まっています。車はロックをしてあります。広い道路の向こうから、大蛇が、大きい蛇が、何匹もしゅるしゅるしゅるしゅるやってきます。その大蛇というのは薄いクリーム色でなんとなく白っぽいような色です。蛇は車の方にも向かってくるんですけど、途中姿を消したりします。私は車の中で助手席の後ろがわに座っています。（蛇が）車の窓にもやってきて、（蛇が）ロックをがちゃんと外して、（私が）黙っているところで、目が覚めました。

●Iさんの夢

Iさんの父が亡くなったとき、通夜を正式に行う前の夜に、祭壇に装飾されているものの使い方がわからないという話を母とした後、祭壇のある部屋に寝たときに見た夢。

寝てましたらお棺から父親ががばっと起きあがりまして、お前たちはものごとを知らない奴だ、と。これはこうこうだと、その内容を説明したかどうかはわからないんですけど、あの、何も知らない奴だなって言って怒ってまた寝たんです。で、その夢の中で、日頃からあのちょっと、口うるさい父親でしたので、また口うるさいなって思ったこともあるんですけど、「なんだ、起きてしゃべれるんだったんなら死んで無いじゃないか、死んでないなら何もお葬式する必要ないじゃないか、なんだ」っていうふうにすごく思った。

●Aさんの夢

Aさんの祖父が火葬された一週間後に見た夢。

骨だけの祖父が家に帰ってきてご飯を食べている。

●Jさんの夢

なんか社会科見学のような感じで、立体駐車場のようなところで、バスがその立体駐車場の二階に駐車するところを子供達がバスの外から見ています。なんかそれはなんか、バスの信頼性をというものを子供達に教えるという目的らしいです。僕は自分の立場は良くわからないんですけど、その光景を見ています。それでそのバスの駐車が終わったので、子供達をバスに乗せて、子供達を家に帰しにバスは出発します。僕もバスの助手席、バスって助手席はないんですけど、なんか助手席みたいなところに乗り込みます。それで運転手と話をするんですけれども、運転手は三日間寝ていないらしくて、すごくつかれていて、頭がもうろうとしていると、だから無事に運転できるかどうか不安だと、この運転手は言います。

それでバスは出発して、山道のようなところを、ちょうどここ（正法寺）に来る坂を上がってくるときのような急な山道をものすごいスピードで下っていきます。そのスピードが速すぎて、バスはカーブに一回ぶつかったり、人を一人轢いてしまったりするんですね。で、もう、運転手はもうろうとしているんで、僕は無事に帰れるかどうかちょっと恐ろしくなって、シートベルトをしていることを確認して、子供達がちゃんと無事に帰れるのかちょっと心配になります。そして、ベーブ・ルースの墓、というところにつきます。

そこは夢の中では有名な観光施設で、墓といってもすごい広い施設で、大きな大学のようなすごい広い施設なんですけど、有名な観光施設であるっていうそのお墓につきます。その入り口のところに、一旦バスが停車します。僕はそのバスが危険なので、早く降りたいのでここで降りようかと一瞬思うんですけど、ここで降りると家まで帰るのが遠くて、家まで歩いて帰るのは大変だから、歩きたくないなと思って、ここでは降りないことにします。すると、ハマコーさんが、元政治家の浜田幸一さんが現れ、こちらに向かって何か怒鳴っています。どうやらその場所に停車してはいけないらしくて、その停車していることをすごく怒ってるみたいでした。それでバスは急いで発車します。

その場所の入り口のところに、アメリカのウィルソン大統領とその夫人と、それと次期大統領っていう人と、その夫人っていう人が、並んでゆっくり歩いてきます。なんか大統領っていうのは、夢の中では、その大統領は、「これは大統領なんだよ」っていうような説明書きというかテロップみたいのが夢の中でついているので大統領だってわかるんですけど。で、バスが出ていくときに振り返ると、大統領が銃で腕を撃たれて暗殺されてしまいます。僕たちはその事を周りに知らせるために大声で叫んで、ハマコーさんがそれに気づいてくれたんですけど、ハマコーさんは僕たちが撃ったんだと勘違

いしてしまって、僕たちのバスに向かって発砲してきます。（一同爆笑）

運転手は山道の蛇行した道を急いで逃げて何とか逃げ切ります。逃げ切るんですけど、逃げ切る直前でバスについてる後部カメラに弾が当たります。それは運転手が後ろを見るためのカメラみたいで、それが損傷してしまったので、ただでさえ運転に不安があるのにこれじゃますますあぶなくなるなあと、夢の中で僕は思います。さらにまた、子供達は、死んではいないものの、撃たれたことで怪我をしているようです。そこでその運転手は「子供達はぱーんとくる衝撃には強いが、じわっじわっとくる衝撃には弱いので、気をつけなければいけない」ということを言います。

そうこうしているうちに、バスは分かれ道にさしかかります。ABCという三つの道があって、Cの道はその、一人の生徒のうちに向かう道で、残りの生徒の家は、AとBとの道にちょうど半分ずつくらいで分かれているんですけども、Bの道ってのは、すごい能力が高くって、将来エリートコースを歩む子供達ばかりで、逆にBの道っていうのは、能力が低くって、健康に不安があって、将来平凡な職に就く子供達ばかりである。車内は当然Aの道の子どもを優先してまずはAの道に行くべきだ、というような空気になるんですが、夢の中の僕はなんかBの子供達のことを思うとちょっと涙が出てくる、というところで夢は終わります。

● Cさんの夢

夢語りの会が終了する間際、Ｃさんから「失礼やと思いながらちょっと寝て、夢を見たんです」との報告があった。会が中盤に差し掛かった辺りでＣさんは居眠りしてしまい、次の夢を見たのであった。

細い、ゴム栓ですか、それが管になっていて、管のところに針を通して、針が見えてくる。その管になっているゴムは背面はくっついてるんやけども、表面のところだけ感覚的に、すこし切れていて、だから針が通っていくのが見える。

さらに、ＣさんはＪさんのバスの夢を聴いているときにも、再び一瞬眠り込んで次の夢を見ていた。

バスの夢が出てきて、それが雲に変わっていった。

（抜粋作成　丸山　明）

われわれはどんな夢に出会ったのか？

新宮一成

1　共通する夢

互いに夢を語り合い、細かいところを尋ね合ったりしていると、夢の経験が共有されてゆく。あたかも、人の夢を一つの珍しい物語として楽しんだかのような気持ちになる。しかし、これは、語り合ったからそうなったのだろうか、それとも、夢は初めから一つの共通性として存在していて、われわれは語り合うことで、そのもともとの共通性へと徐々に近づいて行ったのだろうか。突き詰めてゆくと、テレパシックな伝達が夢でなされているのかどうか、また、超自然的な共通の夢の次元の存在を仮定するべきかどうかという、先ほど第Ⅱ章で考えた問題に再び突き当たる。答え方によってはわれわれは循環的な思考に陥ってしまうだろう。さしあたり、言語という概念を用いてこの問題を切り抜けたフロイトの論を見ておこう。

フロイトは、皆が一致してよく見る類の夢を「類型夢」と名付けた。そして、この現象の原因を、言語学的な歴史に求めた。つまり、皆が一定の種類の夢をよく見るのは、それらの夢が遠い昔には一つの言語を構成していたからだというのである。類型夢に現れる「象徴」は、その昔は普通の言葉だったとフロイトは想像したのである。[3]

だとすれば、もしも皆がそれらの「類型夢」を語り合ったなら、その夢語りの場は、太古の言葉で満たされ、われわれは普通に現代語を語っているつもりで、知らず知らずのうちに太古の言葉で会話していることになる。つまりわれわれは、自分たちの意図しないところで、何らかの意味を、共有し、語り出していることになる。今回の夢語りの場も、そのような、知らない古語を知らないうちに語っているような場になっていたのだろうか。

2　象徴と形式

そう思って振り返ると、今回の最も古語らしい象徴は、「蛇」であったように思う。蛇の夢は、一部の民間伝承では生殖（妊娠）の象徴である。自動車の中に逃げ込んだのに、蛇が外からロックを外しに来たりする夢（二九五頁）や、抜粋にはないが、その夢からの連想で語られた、人が死んだ後で砂州を歩いていたら砂州が実は蛇の群れだったという夢（Eさん）をわれわれは聴いた。象徴に関するフロイトの説明にはもう一つの道があり、彼は、夢の象徴は我々の幼年時代の抑圧された記憶に関係しているともいう。幼年語と古語という二つの見方は必ずしも重ならないが、夢における過去への引力は誰しも経験するところであろう。今回、その時間遡行がいつも中学高校時代に固定されている

3　フロイド『夢判断』下、高橋義孝・菊盛英夫訳、日本教文社、一九七〇年。

という報告（二九〇頁）もあったが、一般には遡行の程度はさまざまであろう。

しかし、「象徴」においてよりもさらに頻繁に、今回、いくつかの報告が「夢の語られる形式」においていて一致した。すなわち、いくつかの夢が、「追われる」という形式をとっていた。実は、人々に「どんな夢を見ますか」と訊いたなら、最も多く返ってくる答が、この「追われる夢」なのである。[4] 今回も、宇宙人に追われ（二八六頁）、怒った友人たちに追われ（二八九頁）、蛇に追われ（二九四頁）、政治家に追われ（二九七頁）……と、夢見た人は実によく追われている。夢を見るということの生理的な基礎目標は、起きなければならないという運命に抗して「眠り続ける」ということであるから、たぶんこの「追われる」という表象は、自分を睡眠から追い出そうとする力に対するそれぞれのささやかな抵抗であり、よって皆の共有する夢の形式となるのであろう。私自身も、幼い頃、夢の中で怪獣に追われたり、また少々大げさに、ありとあらゆるものの破滅に瀕して逃げまどったりした覚えがある。抜粋にはないが今回Hさんから語られた、殺人者に追われてとうとう殺されて自分の死体が水に浮いているという夢は、覚醒するよりも死ぬ方がまし、というラディカルな命題を表現しているように思う。

そう仮定してみて若干想像の翼を広げてみよう。もしこの夢での共通項が起きてからもわれわれの共通項であり続けるとするなら、そこで生成するのは、皆が一致して「追われている」と信じ、共通の仮想敵に対して集団で警戒するような公共の言説であろう。そうした公共の言説は実際に頻繁に聞かれるものではあるが、そのとき本来のわれわれが守ろうとしているのは、そうした言説が称揚する共同体の平和ではなく、一人一人の脳の平和、すなわち睡眠なのではないか、と問うてみてもよかろう。こう考えると、一人一人がよく眠れるような社会を作れば、われわれは過剰防衛の危険に陥らない、と言えるかもしれない。

3　夢の中のメディア操作

今回気づいたのは、この「追われる」表象に、時に「知」が関わってくることである。小説類でも「知ってしまった」ことがしばしば「追われる」理由になるように、いくつかの夢で「知」の伝達の統御、あるいは情報操作が主題になっていた。自分の給与表を無神経に公開した人物を羽交い締めにして、亡き父のところへ連れてゆく（二八八頁）、とか、怒った友人たちに兄の部屋に入られるのを恐れる（二八九頁）、とか、誰かが黒魔術をしているのを見ていてそれが別の人に知られるのを恐れる（二九四頁）、とか、死んだ父が起き上がって「ものを知らんやつだ」と小言を言う（二九五頁）、とかである。夢は、われわれが起きている間に行っている心の中の情報操作を、眠っている間もどうやら続けているらしい。

「知」をめぐる現象のうち、夢で特に興味深いのが、これまでの章でもしばしば触れてきたテレパ

4　新宮一成、村田智子「人はどんな夢を見るのか（その2）」『精神分析&人間存在分析』第一二号、二〇〇四年、四五-五五頁。

シー的な表現であろう。睡眠と覚醒の間のような状態で、自分の思考が読まれる、と気づいて、そんなはずはない、これは夢だ、と思うと、「夢だと思っているでしょう」という声が聞こえてきた、という夢が語られた（二九二頁）。また、次のような夢もある。五歳以前に、夢の中で、モニター画面のようなものを通じて、母がラーメンを食べているのが見え、そのあと身体が（実際にも）痒くなってきた。それで、五歳頃、母に向かって、「お母さんがラーメンを食べたから僕の身体がかゆくなった」と言った。母は、彼を妊娠していたとき、ラーメンを食べないようにアドバイスされていたが、実は食べてしまっていた。母にとっては、子どもがそのことを、テレパシー的に夢で知った、と受け取られた（二九二頁）。

起きてから、夢を人に語るかどうか、ということがわれわれにとって問題になることがある。夢が心の隠れた動きを人に明かしてしまうだろうと恐れるからである。これらの夢を見てみると、実は起きる前にあらかじめ夢の中で、何かを知らせても良いのかどうかということが、盛んに検討されているのが分かる。自分が夢の中で積極的に、時には危険と対決しながら情報操作を行っていることもあるし、テレパシーのようなもので情報を取られそうになっていたり逆に受け取っていたとされていることもある。

4　夢があの世を作る

今回報告された、亡き父や死んだ父のような、あの世との間での伝達は、夢の設定としてよく見られることである。自分が家族と離れて独りぼっちになってしまう、という夢は子どもの頃にはかなり頻繁にあるようで[5]、今回もこの夢が語られた（二九三頁）。フロイトの言うように、幼い子どもにとっては「居なくなる」ことと「死ぬ」こととは等価であって[6]、この夢は、子どもが死をどう捉えていたかを示す。これらの夢での死の領域は、中世的な「冥」の次元の一部に対応するのだろうか。いずれにしても、夢が、死者との間での交流を求めていることはよくあって、今回も、湖と、普賢菩薩の乗るような象が彼方に見えるという、冥の次元を表象するような夢（二九一頁）も語られた。しかしもっと直接的に、骨が生き返って、一緒にご飯を食べている、という夢（二九六頁）も語られた。

死や死者と直接的に触れ合うかのようなこうした夢を、互いに語り合うことを通じて、われわれはあの世のイメージを作り上げてゆくのであろう。初めから決定的に与えられているあの世というものはないのではないか。そういえば、仏教渡来以前の黄泉の国のイメージと、それ以降の浄土のイメージはかけ離れている。あの世はわれわれの語る活動によって、とくに、死んだ人を生き返らせたり死んだ人に会いに行ったりするわれわれの夢を語る活動によって、共有され、作り上げられてゆくのだと思う。覚醒時の死についての談論には、夢における死のイメージ化ほどの多彩さは、とうてい備わ

5　新宮一成、村田智子「人はどんな夢を見るのか（その2）」『精神分析&人間存在分析』第一一号、二〇〇四年、四五-五五頁。
6　フロイト『夢解釈』Ⅰ、新宮一成訳、岩波書店、二〇〇七年。

っていない。

会場の正法寺は、西に向かって眺望の広がるロケーションにある。西山連峰の稜線に赤い夕日が沈む瞬間は魅惑的であった。バスが勢いよく落下してゆく夢が語られるのを聴きながら、眠りに入った参会者がいた。彼は、そのまま、空に浮かぶ雲を夢に見ていた。他人の夢の中のバスが、彼の夢の中の雲になったのである（二九九頁）。夢の中の乗り物の行き先はしばしばあの世を暗示する。私は、西山の夕日に赤く染まった雲を見ながら、西方浄土を思った中世の人々の心を想像した。

第Ⅰ章（五八頁）に述べられていたように、「参籠通夜」では、三七日《みしちにち》（三×七＝二十一日）が大切にされたので、今回もそれにちなんで、二十一日目の夢にも注目してほしいとお願いしておいたところ、Hさんから、「妹やおばさんと一緒に過ごしたあと、私たちの部屋を覗かれる」という内容の夢の報告があった。これは当日のHさんの夢に構造が似ている。当日も「おばさん」や「姉妹」との交流のあと「蛇」に侵入される夢（二九四頁）が報告されていた。夢の「反復」という性質は、中世においても今と同じように表出され、重要視されていたのかもしれない。

「夢語り作品」の読み方

丸山　明

1　夢語りのリアリティ

夢語りの実践が終了してから二ヶ月ほど経った二〇〇六年三月上旬、夢語りの会のテープ起こしのため、私は記録した録画テープを見直していた。その録画を見ながら、私はふと夢語りの会そのものが夢だったのではないかという錯覚にとらわれた。

私達は、普段、テレビやインターネットを通じた映像を見慣れている。だが、それらの映像は現実を保証するものではないだろう。録画テープの映像を見ながら、夢語りの会が現実に行われたことを直接経験した私でさえ、この集いの現実性をふと疑ったのであった。それは録画テープを見ていた時間が深夜だったからであろうか。あるいはそういう理由もあったであろう。だが、仮にそうであったにせよ、やはり私達は日常的に映像を見慣れすぎてしまっているのかもしれない。

このように夢語りの会を映像で確認することは、夢の中で夢を見ている感覚を私の中に生じさせた。それは不思議な感覚であると同時に、どこか不気味な印象を残すものであった。同様に、カウンセリング中にクライアントの夢を聞いていても、しばしば夢の中から外へ出られないという夢に遭遇することがある。だが、夢の中だけではなく、そのような感覚はまさにカウンセリングの語らいそのものに対しても抱かれることがある。クライアントがカウンセリング中に思いつくことを語り、夢を語るときはもちろんのこと、カウンセラーに対して様々な感情をぶつけている最中であっても、カウンセリング状況そのものが現実なのか夢なのかが判然としないような感覚がクライアントの中に生じてくるのである。とりわけ、寝椅子に横になり、治療者を背にして自由連想を行う精神分析のスタイルにおいて、そうした感覚が強められる。そしてそのような感覚が強まった時、しばしばカウンセリングの語らいを突如中断する動きがクライアントの側で生じることがある。例えば、トイレである。

では、カウンセリング室から一歩外へ出て、視線を日常生活の中へと向けてみたらどうであろうか？　実は夢と現実の境界のこうした曖昧さは、カウンセリング室の中だけではなく、日常経験の中にも流出しているのではないだろうか。私は映像にあまりリアリティを感じないタイプの人間なのかもしれないが、世間では映像にリアリティを感じる人、音にリアリティを感じる人、体を動かすことにリアリティを感じる人、あるいは文字にリアリティを感じる人など様々である。このような多様性は情報収集のために優先的に用いる感覚器官が個々人によって異なっていることから生じていると考えることもできるかもしれない。だが、映像と文字、声と音楽など、同一器官を用いていても同一の内的感覚が喚起されるわけではないことも明らかである。

このように何にリアリティを感じるかは人によって異なるわけだが、あらゆるメディアを通して

「リアルな何か」との接触を私たちが求めていることは確かなのではないだろうか。映像であれば映画やドキュメンタリー、音であれば音楽、文字であれば文学、体を動かすことならば舞踊など、私達の情動を直接的に揺さぶるメディアが世界には溢れている。広い意味でそれらのメディアを芸術と呼んでおいても差し支えはないだろう。確かに現代では芸術と呼ばれるものも多種多様ではあるが、人を何かリアルなものに触れさせる（触れたと感じさせる）機能を持っているという点で、芸術はその基盤を共有し合っているように思うのである。

2 文学か？ 生理的妄想か？

フロイトは精神分析と芸術との間に類縁性を見出していた。フロイトは作家と精神分析家の関係について二つのことを述べている。一つは、精神分析家と作家は、どちらも無意識という同一の源泉から汲み出した素材を扱っているということである。もう一つは、異常な精神過程を分析することも文学作品を解読することも、無意識の法則を探求することにおいて同じ価値を持つということである。

異常な精神過程の代表格と言えば、やはり妄想であろう。精神分析が登場するまで、精神病者の妄想内容は荒唐無稽で無意味なものと思われていた。精神分析がそれら妄想の内容理解にどれほどの光を投げかけてきたかはすでに周知の通りである。しかし、妄想に類似した精神過程は、なにも病者ば

7 たとえば、フロイト『グラディーヴァ／夢と妄想』種村季弘訳、作品社、一九九六年、二一四-二一五頁を参照。

かりに生じるわけではない。フロイトによれば、夢は正常な人間の「生理的妄想（physiologische Wahn)」なのである。

こうして私達は次のような等式を得る。すなわち、妄想＝夢＝文学作品である。これが社会的価値に関する等式でないことは言うまでもない。フロイトは夢を「生理的妄想」と呼んでいるが、精神分析の中でも妄想を「症状」、芸術的な活動を「昇華」と呼ぶなど、それぞれの項目は異なった精神過程に分類され得るものである。しかし、精神分析が見出した無意識の法則を用いてみれば、これらのものは別々の方法で表現されながらも、同じ源泉を共有していることが理解されるようになる。従って、同じ源泉を共有しているという意味において、この等式が成り立つことになるのである。

3　文学としての「夢語り作品」

ところで、興味深いことに、文学作品として夢が語られる場合がある。そのやり方は大別すると二種類ある。一つは作品中の登場人物の見た夢が語られる場合である。フロイトは『グラディーヴァ』の読解の中で、この手法で書かれた夢の分析を行っている。もう一つのやり方は、作家自身が見た夢をもとにして文学作品を書き上げる手法である。日本では、このような作品の最もポピュラーなものに、夏目漱石の『夢十夜』がある。また、海外に目を向けてみれば、こうした手法による文学作品の白眉として、ジェラール・ド・ネルヴァル[8]の『オーレリア』を挙げてもよいであろう。「夢はもうひとつの生である」という書き出しで始まる彼の後期代表作の一つ『オーレリア』は、夢のみならず、過去の記憶や病理的妄想体験が精緻に紡がれ、文学へと見事に昇華された作品として知られている。『夢十夜』も『オーレリア』も夢を直接間接に題材にとった作品であり、このような文学作品をここでは「夢語り作品」と呼んでおくことにしたい。これらの「夢語り作品」は、文学として書かれた時点でもはや夢語りではない、という意見もあるかもしれない。確かに出版を前提に夢を作品として書く場合、夢内容の表現にも工夫を凝らし、何度も推敲を重ねることになる。その意味では夢内容がより婉曲に表現されたり、歪曲されたりする可能性もないことはない。しかし、それもまた作家が記した「文学作品」であることを私達は勘案すべきであろう。妄想＝夢＝文学作品という等式に当てはめれば、「夢語り作品」は、作家が題材とする対象に夢が選ばれたという点で、ただ二重に源泉が共有されているに過ぎないことになる。

では、仮に作家以外の者が夢語りを実践してみた場合はどうなのであろうか？　それは文学作品に匹敵するようなものにはならないのであろうか？　この問いに対する答えは既に出ているように思われる。それは見方によって異なってくるのである。文学作品には社会的価値が伴う。その意味では単に夢語りの記録がそのまま文学作品になるわけではない。しかし、「同じ源泉を共有している」とい

8　象徴主義やシュールレアリズムの先駆者と呼ばれる詩人・作家（一八〇八–一八五五）。ネルヴァルは『オーレリア』の第一部が雑誌ルヴュ・ド・パリに掲載された後、第二部の刊行を目にすることなく、自ら命を絶った。

う点において、夢語りは文学作品とやはり等価である。このように夢語りが文学作品と源泉を共有しあっているとすれば、夢語りは芸術と同等の資格において、私達に「リアルな何か」を感じさせるものとなる可能性を持っていることになる。

夢語りを実践してみることの面白さの一端は、まさにこのようなところにあるのではないだろうか。現代のように夢が個人のものとして扱われれば、夢は当人の深い内面的な様態を個人的に表現したものとなる。その夢は夢見た個人にとっては、非常にリアルに感じられることもあるだろう。だが、夢語りが芸術と同等の資格を持つとすれば、夢語りは夢を見た個人のみならず、夢を聞いた人々にも「リアルな何か」を感じさせ得るはずである。だとすれば、『夢十夜』や『オーレリア』と出会った時と同じような効果が、夢語りにおいても期待されていいのではないだろうか。[9]

4 夢語り的夢解釈

今回、夢語りの実践の参加者が語った夢をそれぞれ夢分析的に解釈していくことは可能である。たとえば、女性の夢では「妊娠するとはどういうことか」という問いとして解釈できる夢があり（二九四頁、三〇一頁）、男性の夢では「父との関係」が問題になっている夢がいくつか見られた。実際にこのような解釈は夢語りの会の中でもなされたが、むしろこの実践で重要な点は誰かの夢を聞き、夢の解釈を聞くことで、夢にまつわるどのような連想が参加者たちに生じたのかを見ることにあった。その理想的な形は「夢から夢へと連想が飛び交う」というものであっただろう。

今回の実践はそこまでの形には至らなかったものの、まさに夢語りの最中に夢語りに対して夢で答えているかに見える反応が生じた。C君は夢語りの会で他のメンバーの夢を聴くうちに眠りに落ち、その間に「管に針を通す夢」と「バスが雲になる夢」を見ていたのであった。このように夢語りに対して夢で答えるという反応は、第I章で酒井が述べていた護命僧正と弟子の延祥のやり取りに似たところがある。だが、本当にC君の夢は夢による夢語りへの応答だったのだろうか？

心理学的な視点から見れば、彼の見た夢は入眠時幻覚に近く、その内容は機能現象[10]に分類されうるようなものであったと考えることができるだろう。すなわち、覚醒から睡眠状態へと入っていく入眠の生理的過程をそのまま表しているものだと理解することもできる。そうだとすれば、そこにはある種の身体性に基づいたリアリティがあると考えられる。さらに、彼が参加者の前でその夢を語り、その場で皆がその夢を夢語りの会を象徴するような夢として受け入れる雰囲気になったことにも私たちは注目すべきであろう。

9 余談になるが、このような発想は「夢語り」が集団芸術療法として実践されうる可能性を示唆しているように思われる。プログラム（二八三頁）にあるように、今回の夢語り実践では、集団療法の専門家であるハフシ氏の助言にしたがってサブグループを作ってみることにしたのであった。このように今回の夢語りの実践では初めから集団療法としての側面を見据えていたのではあったが、本論ではその集団療法としての効果にまで論及することはできなかったため、そうした考察はまた別の機会に譲りたいと思う。

10 H・ジルベラーによって命名された現象。第二次加工に比べると機能現象が夢の形成に及ぼす影響は少なく、その意義も小さいとフロイトは考えていた。

こうしてC君自身がこの二つの夢に感じていたかもしれないリアリティは、その場の人々にいささかなりとも共有されたのであった。この共有の過程は、私たちが『夢十夜』や『オーレリア』を読んで小説のリアリティを共有していくプロセスとおそらく同質のものである。

同じであることと遅れること

信友建志

1　神は細部に

かつて美術史家のモレッリは、絵画の作者を判定するには、絵画の主要なモチーフ、メインの題材に焦点を当てるのではなく、どうでもいい端っこの耳や指先など、その作者がどうしても修業時代に受けた時代の影響をそのまま残してしまい、自分なりのスタイルに変形することの少ない部分に目をつけることを主張したのだった。

重要なモチーフであれば、意匠を凝らし、作品ごとに独自の新工夫を加えていくのが大芸術家というものであるが、そんな人々であっても、細部にはある種投げやりな、若かりし頃に学んだまま手つかずの癖が出るというのだ。そこに見られるのも、やはり人間は最初の他者の言葉をどこかでほったらかしにしていることがあり、そして肝心な場面で浮上してくるその他者の言葉こそが、皮肉なことに世界にただ一人固有で特別なはずの自分を、まるでトレードマークであるかのように代表してしまうということだろう。

ある意味では人間の夢の思考もそれによく似ている。一見すると、夢は実に入念に、かつ複雑怪奇に練りこまれたストーリーと映像を持っていて、夢見た本人さえ分からないほどである。しかし、細部で一見すると紋切り型の材料として転がっている要素が、実はもっとも反復的に出現していて、そこに、夢見た人が最初に他者の言葉によって先取りされていたことを、われわれは見て取ることができるものである。

2 同じ夢

だから、この集まりで二人の若者がよく似た夢を見たことは決して驚くべきことではない。時あたかも、格差社会や下流社会といった言葉がかまびすしい時代に行われた集まりである。就職が視野に入ってくる年頃を迎えた大学生の若い男の子が二人、まるで「勝ち組・負け組」の極端な二分論を思わせるようなモチーフを題材とした夢を見たとしても、あまり不思議はないのだ。[11] 上がっていく人と降りる人、そして降りる人の行き着くところはどちらも地獄であると、漠然と予期されている。

もちろん、それを世間の影響として説明することはたやすいことだ。なるほど、確かに夢は日中の記憶を整理して、自己の人生の歴史物語のなかに組み込もうとするものとされているし、そうであるなら、とりあえず自分の人生の岐路となるかもしれない将来を、いま世相でもっとも取り上げられている社会の見方の枠組みで整理してみたとしても、なんら不思議なことはない。

さらにいえば、もう一つ、それはお互い同士の影響であるということだってできるかもしれない。

なんといっても、このようにお互いが人のいる集まりの中で語ったという形式的な枠組みがある。であるからには、いきおい一方が語った夢は他方に影響を与えるだろう。もちろん、人に話そうと思っていた、夢に出てきた諸要素までが改変されるということはなくても、そのニュアンスや意味づけに影響が出る可能性はあるし、あるいは思い出せていなかった細部が急にクリアに思い浮かべることができるようになったとしたら、それはやはり、他者のはなしの影響を受けての変化なのかもしれない。

3　同じであること

なるほど、確かにこうした説明はいっけん合理的ではある。しかし、そこからこぼれ落ちているものをひとつ、拾い上げることもできる。それは、同じである、ということの意味である。

ここまで見てきた二つの「同じ」であることの説明を整理しよう。第一のそれは、とりわけメディアに乗って流布された同じ他者の言葉がそのまま出現して、状況を整理する共通の枠組みになっているからというものだった。第二の説明は、そもそもが互いに語らうという設定で行われた集まりである以上、互いに影響をうけあうことでオリジナルのストーリーが変形されて伝えられる可能性もあるというものだ。

11　一つは、Jさんの夢。もう一つは、抜粋にはないが、Cさんが受験生の頃に見たという、「きれいなリヤカーのようなもので上に行く人たちと、階段で下に行く人たちに分かれる」という夢。

こうした説明は確かにもっともで、特段に否定する必要もない。しかし、そこには先ほど述べたように、このように二つの意味でひとが「同じ」であることを選ぶ理由が、これといった理由もなく自明で自然なこととされているようにも思われる。ここでは、この集まりにインスパイアされながら、「同じであること」の意味を少しだけ考えてみたいと思う。

4　遅刻者たちの共同体

まず考えなくてはいけないのは、われわれの自我と呼ばれるものは、どうしても遅れているということである。

それはあるいは『ユーザーイリュージョン』によって紹介されたように、人間の意識は自らの知覚や行動にたいしてどうしても〇・五秒ほど遅れてしまうのだ、と説明してみてもいいかもしれないが、ここではそうした説明はさしあたり棚上げしよう。問題はどちらかといえば、先ほど述べたように、われわれが他者の言葉に先取りされており、その枠の中でものを考えている、もっと簡単に言ってしまえば、その言葉にたいして応答するかたちでものを考えざるを得ない、ということだ。もちろん、他者の言葉の内容にいちいち全部縛られているというわけでないが、しかし、お題にたいしてどんな答えをしても自由であるということと、お題もなしのフリー・トークではわけが違う。なお困ったことに、このお題は、お題があるということ以上の内容がよく分からない、そういった不明瞭なお題、意味を欠いた掟なのである。

カフカの『掟の門』[12]を思わせるようなこの状況だが、幸いにしてカフカの小説とは違い、この門の前にはほか多数の遅刻者たちがいる。この人たちもまた、他者の言葉に先を越されてしまった遅刻者なのである。われわれは、こうした遅刻仲間達と顔を見合わせて互いが互いをこの謎に対する答えであると認識することで、その謎を切り抜けようとする。実際には、捉えなければならないのはその謎である。しかし、比喩的な言い方をすれば、謎をかける声の速さは、互いを見合わせる顔の視覚情報を伝える光の速さに劣る。われわれは自分たちの見たものが自分たちの聞いたものに対する答えだと気づくことなく、むしろ見たものの方を先にあったと認識する。そうしたわけで、ラカンはこうした誤認を「〜であった」という半過去のものを、「〜であろう」という前未来として認識することだと考えたのだった。さらにいえば、遅れこそがわれわれをして他者へと向かわせるものであり、そのことがわれわれと他者を同じにし、それゆえにわれわれは共同体を作るのである、といってもいいかもしれない。

5　夢を語る

そのように考えると、第二の説明、他者に話を合わせる方向に収束していくという事実も、別な形

12　フランツ・カフカ『カフカ短篇集』池内紀編訳、岩波書店、一九八七年。

で解釈することができる。まず夢を語るということを、自分の中でしっかりと固定され確定され観察された情報を他者に伝えるという考えを止めることから始めてみるといいだろう。夢を語ることも、語りかけられることも、夢の中にある言葉が、他者のなかにある言葉に向かって語りかけていることだと考えてしまうのだ。こうして語られる一つずつのやりとりを通じて、夢の意味はひとつひとつ決定されていく。つまり、夢を語ることもまた、夢の一部としてとらえてしまうのである。したがって、夢を語るわれわれの意識は、夢のなかにあらかじめか先取りされてしまい、醒めたあとのわれわれの意識はそこからはいつも遅れている。しかし、夢を語ることによって、その遅れてやってくる意識は夢に追いつき、ここでわれわれは夢から連れ出され、本当の意味で夢から覚めることになる。それはちょうど、自分の寝言の声の大きさで目覚めてしまう間抜けな朝の寝覚めのようなものかもしれない。

だから、夢を語ることは、われわれのなかにある過去の断片、おそらくはもっとも意味不明な、しかし一番使い回しが効きそうな切れ端を共有することに他ならないのだ。その切れ端は共通の通貨のように、われわれの語らいを調整してくれる。したがって、それが常に「〜だった」という起源の物語として共通の調整を受けるものである以上、どうしても神話的な方向へと収斂していくことも、ある意味では当然のことなのかもしれない。

「夢語り」実践の日のこと

酒井紀美

1 「夢語り」の舞台

二〇〇六年一月九日、いい天気である。

京都駅からバスに乗り東山安井で降りて、高台寺から霊山歴史館へと通じる上り坂をしばらく上っていくと、左手にたいそう急な長い石段があらわれた。それを一段一段ゆっくりと上っていく。二、三段上るたびに後ろを振り返ると、すぐ足元にひろがる京都の町が、どんどん下へ下へと沈み込んでいく。それと同時に遠く西山の方までつらなる町並み全体がぐぐっとせり上がってきて、壮大な一大パノラマがひろがってくる。

石段の最上段に立って、ゆっくりと振り向いてみた。すぐ目の前には、太い杉の大木が一本と黄色い実のなっている木が見える。はるか向こうには西山の峰が連なり、さらにその左手には男山がある。京の町の家並みやビルの群れの中で、ひときわ目立つのが京都タワーと修理中の東西本願寺の大きな屋根である。左手には鴨川を渡る橋らしきものが見え、すぐ眼下には八坂の塔がクッキリとした姿を見せている。足元の町の方から聞こえてくるサイレンの音が別世界からの音のように響く。少し霞のかかった山影を背景に、二羽の鳥が右から左へと飛んでいく。あの鳥の目に映る京の町と、今自分がここから見ている風景とが重なり合うように思えて、しばし眼前にひろがる景色に見とれていた。

そして、今から何百年も前の遠い昔、寺院のお堂で参籠通夜した人びとのことを思った。かれらは、日常の世界とは切り離された空間に幾日も幾晩も籠もり、ひたすらに祈り続け、やっとのことで夢の告げを得ることができた。下界の喧噪を離れ空中高く上り詰めたようなこの場所で行われる「夢語り」ならば、遠い中世の人びとと同じような世界をつくることができるかもしれない。冷たい朝の空気の中で、これから始まる夢語りへの期待が大きくなってきた。

今回の「夢語り」の場として東山正法寺が選ばれた後で、その前身が霊山寺《りょうぜんじ》と呼ばれるお寺だったことを知って私はとても驚き、それから何かめぐりあわせのようなものを感じて不思議な気持ちになった。というのも、I章で取り上げた藤原行成の「夢語り」の話に、この霊山寺が登場するからである。行成の「夢語り」を聞いて、出家しようという自分たちの決心を神仏も後押ししてくれていると確信した二人の若い貴族は、「まず霊山寺に登って頭を剃り、その後いっしょに三井寺に入った」と『古事談』（巻第一の三二）には記されている。その時、二人の若者は、いったいどのような気持ちでこの坂を上り石段を踏みしめていったのだろうか。しかし、考えてみれば、その当時の寺の様子が明らかではないのだから、今ある坂道や石段がその当時からあったのかどうかわからない。けれども、鴨川を越えて、京都の町を眼下に一望できるこの場所に臨んで、彼らがこれまでの俗世での生活を振り返り出家した後の時間を思いながら数刻を過ごしたかと思うと、今から始まる正法寺での「夢語り」と中世の「夢語り」との深いつながりを意識せずにはいられない。

2 「夢語り」の具体像

私は、これまで一度も「夢語り」の場に立ち会ったことがない。以前、この会の進め方を具体的に相談した時、「何セッションでいきますか?」という問いが発せられ、「まあ、一日だから二・三回でしょう」などという答えが返され、いとも簡単に、まるで日常の予定を決める時のように、当日のプログラムが議論され決められていくのを聞いていて、セッションっていったい何だろうと思うほどに、まったく何も知らなかったものだから、この日初めて「夢語り」のグループによる第一セッションのただ中に座ってみて、予想外の展開に、ただただ戸惑うばかりだった。

新宮さんが、あみだくじを作っている。縦に引いた線のあいだに幾本も筋を引いて、とても慎重にあみだくじを作っている。その新宮さんの所作を見ていると、それが定められた儀式というか祭式というか、なにかおごそかな作法のような気がして、私は急に緊張してきた。しかし、それは十人の夢の語り手の順番を決めるにすぎなかった。中世ならば、くじは神仏の意志で決まるものだ。誰が一番で、だれが十番か、それは「神慮の至り」なのである。なんと、現代のこの「夢語り」の場でも、くじによって語る順序が決められた。まずこれが、最初の予想外の事だった。

その次に驚いたのは、一人の「夢語り」が終わると、それを聞いていたまわりの人から夢を語った当人にむかって、いろいろと質問が発せられ始めたことである。語られた夢の話だけではその状況がうまく理解できないから、その具体的なイメージをもっと明らかにしてほしいというのが、その場の支配的な空気であった。まわりのいろんな人から、質問が投げかけられ、語り手はそれに答えるために一生懸命に自分の夢の詳細を思い出して返答する。

「夢語り」の会というのは、一人が自分の見た夢を語り、まわりの人びとはただ黙って静かにそれを聞いている、そして、次の人が語り始め、そして次の人がというように、静かにプログラムにしたがって会は進行していくにちがいない、私は自分勝手にそう思いこんでいた。けれども、ここでは、当然のことのように、まわりのみんなは自分の疑問を話し手にぶつける。話し手は、それに懸命に答える。私も夢の話を聞いていて、不思議に思った点はいっぱいあったのだけれど、それをこのように尋ねていいものだとは思ってもいなかったので、疑問を疑問のまま心の中にしまいこんでいた。けれども、どうやら、ここではそういうやり方ではないようだ。そこで、私も、まわりの人々と同じように、語られた夢への疑問をぶつけてみた。確かに、こうした応答をくりかえすなかで、夢の細部は徐々に明らかになっていく。不確かだったイメージがくっきりと浮かび上がり、語られた夢は、その場の人びとすべてに共有されていく。

3　応答し合うことば

「あっ、これだ！」と私は思った。

中世の人びとも「夢語り」をしている。中世社会にはどこでも「夢語り」があふれかえっている。けれども、そうした史料を読みながら、私はその場の情景を次のように思い描いていた。一人が夢を語り、まわりの者たちはじっと黙って聞いている。そして、みんなで神仏からの送られてきたその夢のメッセージがいったい何を意味しているのかを考え、これは大変な瑞夢ですよといって喜び合う。また、そのうち、別の誰かが自分も同じような夢を見たと言い出すと、これはいよいよ確かなメッセージにちがいないと、またまた喜び合い、それを将来への励みとして生きていく。私が中世の「夢語り共同体」として想像していたのは、このようなものであった。

しかし、この「夢語り」の場に参加してみて、それが間違いだったと思うようになった。中世の「夢語り」の場でも、語られた夢の内容について疑問を抱いたならば、人々はただちに問いかけ、今この場で起きているように、夢の細部がどんどんと明らかにされていく。尋ねられた方も、一人で語っている時には十分に認識していなかった夢の詳細を思い起こし、投げかけられた問いに答えながら、その記憶を確かなものにしていく。まさに、こうした「ことばの応答」の中で、夢はその場にいるすべての人々に共有されていく。「夢語り共同体」とは、そういうものであったにちがいない。

夢は、うつろいやすい。目覚めた時には確かに覚えていた夢も、時間の経過と共に忘れられていく。

けれども、それをすぐに人に語った場合、相手の記憶にも、また自分の記憶にも鮮明に残る。夢は、語られることでその存在を確かなものにする。夢の実在化には、語ることが不可欠である。夢を記憶している覚えているというのも、それは「自分の中の他者」に夢を語っていることだと、新宮さんも書いておられる。[13] 自分で夢の記録を文字にあらわし残しておく行為にも、自分自身の中での夢語りが存在する。これまでの私の「夢語り」についての認識は、ここまでだった。夢を人に語ること、それがひろまり共有されていくこと、それが持つ大きな力についても考えてきた。

けれど、今ここで起こっているような「ことばの応答」として共有されていく「夢語り」には考えが及ばなかった。夢を見た本人も気づかずに忘れていた夢の細部、それが疑問に答えることでよみがえってきて、夢全体の世界に影響を及ぼしていく。一人の見た夢が、この「夢語り」の場でふくらんで、ある意味では変化していくのではないか？一人の夢の世界は、語る場でより精緻なものになり完成されていく。その過程で、夢のイメージが参加者全員のものになる。

ああ、なるほど、そうだったのか。「夢語り」を聞き終えて、私はとても納得できた思いがしている。この会がはじまる前まで、「夢語り」とは、何か細胞のような存在が導管でつながり合って互いに影響を与え合いながら連動する、そして私自身はシャーレの中で展開するその動きを顕微鏡でのぞきこむような、そんなイメージをもって、私はこの「夢語り」の会に臨んだ。ところが、いざ「夢語り」の会がはじまってみると、私は顕微鏡をのぞきこむどころか、自分自身がそのシャーレの中に入りこんで、語り手に様々な疑問をぶつけて、夢の内容を復元し共有する作業に没頭していた。よくよく考えれば、これこそ昔も今も変わらない、「夢語り」の場の共通したあり方なのにちがいない。そして、帰ったらもう一度、中世の「夢語り」の場面を示す史料に取り組んでみようと思った。きっと、以前とはちがった像をつかみとることができるだろう。

13　新宮一成『無意識の組曲』岩波書店、一九九七年。

終章

無意識のメディアを生きる

0. ……メディアシステムとしての夢

中世の夢語りにおいて重要なことは、語らいのシステムとしての夢の位置が確立されていたことであった。夢と個々の人間との関係は、次のように作られていた。

個人は、自分の欲望を神仏に投げかけ、神仏からの答を、夢を通して受信した。ところで、特異なことは、この場合の個人の性質である。個人は確かに神仏の普遍世界に対しては個人であるが、第Ⅱ章で確認したように、その普遍世界からみれば十分に交換可能であると認識されていた。だから欲望に対する答の誤配も生じ、しかもその誤配は結果的には誤配でなかったことになると観念されていた（図1）。

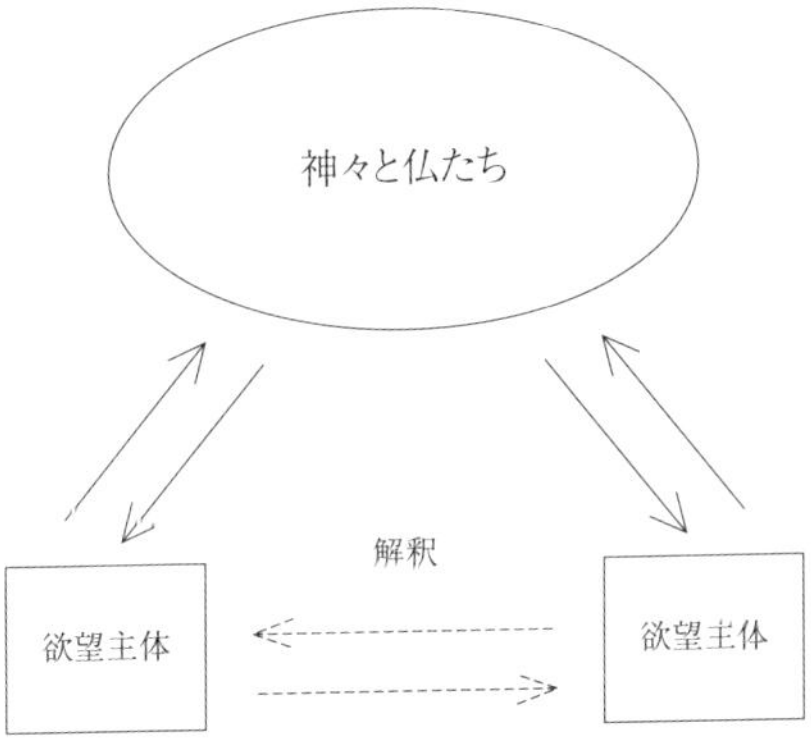

【図1】

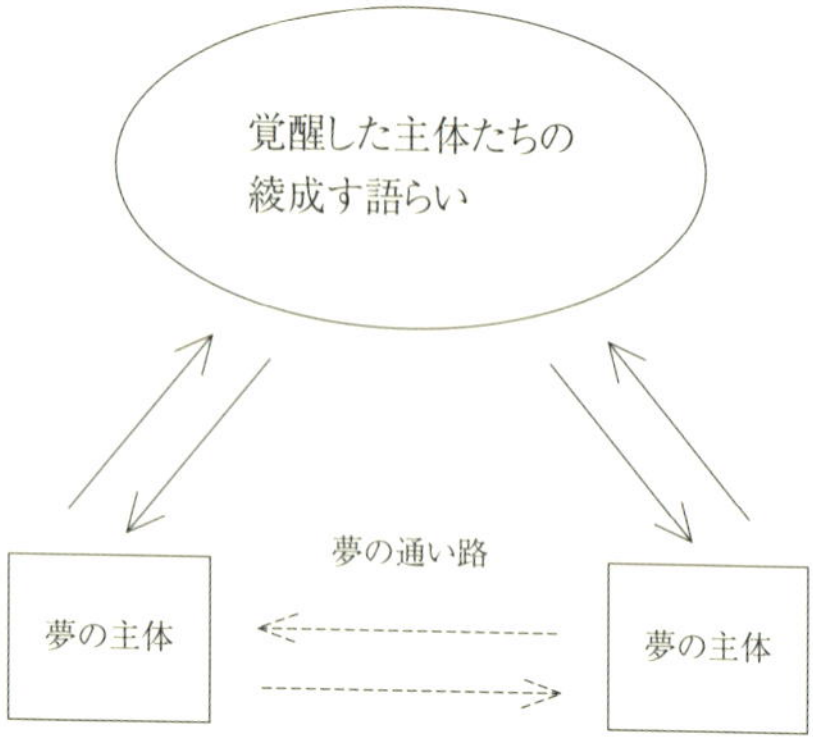

【図2】

欲望は必ず神仏の世界に媒介されなければ実現されなかったし、物語に語られている例に鑑みると、どうやらいったん誤配された場合の方が、しっかり現実になったようでもある。なぜなら誤配は「解釈」の活躍を生むからである。

　中世のこのシステムは、神仏の世界という仮想を含むにもかかわらず、現実的であると感じられていた。この歴史的事実には、構造的な根拠があると思う。私はかねてより、「あの世」という観念の起源は、「夢の中から見た覚醒の世界」にあるという理論を提示してきた。[1] すなわち、夢を見ている主体たちは、「覚めたら、共通の言葉の世界の中で、この夢を語り合うだろう」ということをあらかじめ夢の中で知っていて、その知のもとに夢を見ているのであり、覚醒後の綾成す夢語りの世界は、夢中の自分にとっては、まさに神仏の世界に相当するものなのである（図2）。

起きている自分を神仏であると措定するこの夢の主体の想いは、一見傲慢に見えるかもしれないが、夢の中の世界を現実と感じつつ、やがては別の世界へと自分の目が醒めることを知っている主体にとっては、ごく当たり前に生じる命題である。教養としても、今生きている私のこの足許がそのまま浄土であり自分は仏なのだと気づくという考えは、仏教の中で否定はされない。ただ、「今は夢であるということを知っているということを、夢の中では知らないことにする」という知の自己内情報操作を行うだけで、この命題は確保できるのである。

「この夢から醒めたらそこは現実の言語活動の世界」という事実（図2）を、図1と重ね合わせてみればよい。図1の中世的な夢メディアシステムというものは、「夢見る主体と醒めた言語活動の関係」を、そのまま「顕の社会の個人と神仏の世界の関係」に平行的に当て嵌めたものだということが分かるであろう。中世的システムは、構造的に日々の生活経験に支えられているのである。

ちなみに、夢の中に恋人が出てくるときは恋人が私を思ってくれている、といったような、直接のテレパシックな関係は、この神仏の世界の仲介システムを経ないから、空想的である。

1　新宮一成『夢分析』岩波新書，二〇〇〇年。

こうした関係は、平安時代の和歌などによく現れるが（「夢の通い路」）[2]、中世の人々から見れば、やや古びた、文芸上の考え方になっていた可能性がある。図2の夢見る主体どうしの間の点線の部分に直接の交流を仮定すれば、こうした夢と夢の間のテレパシーの観念の在り場所が位置づけられる。

中世のシステムでは、図2でのテレパシーではなく、図1での相互解釈が一般的に重んじられていたと考えればよいであろう。このことは、第I章で紹介された石清水八幡宮の夢の誤配の例について、すでに第II章で論じたところである。今でなら僧と女房の間のテレパシーと言われそうな経験を、中世では、「解釈」として実践していたのである。先に述べたように、フロイトが「テレパシー」を、すでにして「解釈」されたものであると論じていたことも、この見方に一致する。フロイトはテレパシーを否定したのではなく、夢語りシステムの中でそれが生じるべき位置をメディア論的に規定し、解釈行為の退行的な亜型として理解したのである。

1. ……………うわさというメタ‐夢システム

生きた主体が夢を見て、神仏空間を通して欲望をやり取りする。解釈がそのやり取りの意味を決定する。動きつつあるこの夢語りシステム自体（図1）を、一つの単位と考え、このシステムが多数並行存在しているという状態を想定してみよう。一つ一つの夢語りシステムは、解釈が行われた時点で、一つの意味構造として生成している。意味を獲得した夢語りシステムは、もう一つの夢語りシステムとの間で、やはり解釈の運動を起こそうとするだろう。夢見た主体たちにとって神仏の次元が存在していたのと同様に、夢語りシステムたちにとっては、社会の権力構造や経済構造の次元が存在する。それらの構造を介して、システムとシステムの間で作られてゆくのがうわさだったのではないだろうか（図3）。

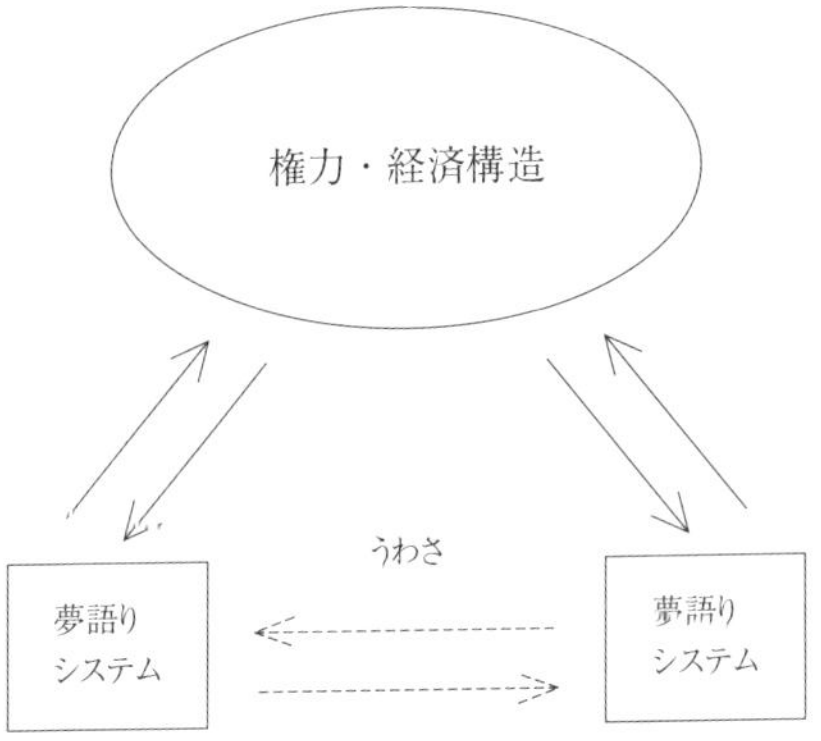

【図3】

　むろん、夢語りシステムとうわさシステムは、はっきりとメタレベル論的に分けられていたわけではなく、両

2　たとえば「すみの江の岸に寄る波よるさへや夢の通ひ路人目よくらむ」藤原敏行朝臣（百人一首に収録）。

者のランダムな組み合わせが生じたことであろう。また、解釈全般と、解釈の短絡的形式としてのテレパシーが明確に区別できるとも限らない。われわれはここでいちおうは両者のレベルを区別したけれども、事例ごとに見れば、どちらの用語で呼べばよいのかに迷うこともある。

たとえば、第I章で紹介されている、温泉の村に侍がやって来て観音様になったという伝説(七六頁)の場合、「観音様が侍の姿でやって来る」という夢を見たという報告をみんなで信じた村人の集団を、夢語りシステムと呼ぶべきか、うわさシステムと呼ぶべきかは、語感上、決定が難しい。夢を報告した人物は特定されているから、多くのうわさのケースから外れるが、しかし、「参籠通夜」のようなはっきりしたシステムが動いていたわけではないから、村人たちは、夢見た人がまき散らしたうわさに動かされたとも言える。

さらに、夢見た人の夢自体が、直観を夢だと思い込んだことの産物であるかもしれない。すなわち、この人は、早朝に侍に出会い、「この人は観音だ」と直観したが、自分が「直観した」と思うのではなく、「この方が村に来られることを昨夜夢に見た」と思い込んだのかもしれない。そうだとすれば、テレパシーのような直観が、「夢語り共同体」のシステムに乗せてもらって実現したことになる。

また、「成仏」という言葉が魅力をもった時代にあっては、「あの温泉に行けば、成仏できる」といううわさが立ったら、その温泉は繁盛するというおまけが付いたであろうから、このおまけが初めから無意識の欲望であった可能性もある。それならば明らかにこれはうわさシステムの芽であったのである。整理のために区別して見ておくなら、村の中で起こったことは夢語りシステムであったけれども、それは村の外でうわさシステムに統合されることが期待されていた、そのため、先取り的にうわさシステムのような質を帯びた、と表現できるかもしれない。

2. 近現代も構造は同じだと見るならば

近現代のメディアはＩＴ技術抜きには語れない。ＩＴは、実体としての技術的進歩の成果である。しかし、ＩＴと主体との関係を、システムとしてみるならば、ＩＴによる情報空間は、日本中世の「冥」の世界に相当する。すなわち、主体はその世界に情報を流し、そこから情報を受け取る。

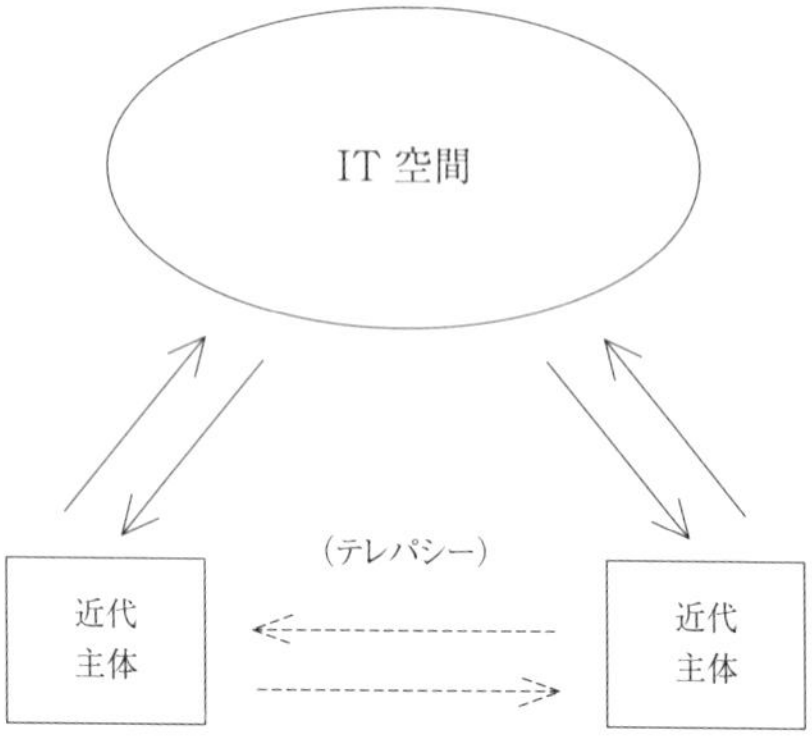

【図４】

私は、「中世の人は神秘主義的な冥の世界を、近現代人よりも深く信仰していた」という見方を全然していない。彼らも、今と同じように、不信心であったに違いないと思う。上の図で、楕円で示した位置は、構造上、どうしても、想定せざるを得ない空間なのである。昔の人はそこに神仏を置いていただけのことなのだ。夢を預け、夢をもらう、そうしたシステムが構築されていさえすればよい。今から見ると、一人一人が冥界を信じていたかのようであるが、システムさえあれば主観的な信仰は二の次であったに違いない。それを今から見ると、彼らが特別に信心深かったように見えるのである。逆に、現在のＩＴ情報空間も、神仏の空間と同じぐらい神秘化しようと思えばいくらでもできる。

現代では、楕円で表されたその情報空間の部分は、文字通りには超越性を持たないことになっているので（それは機械であるから）、その分、テレパシーのような主体同士の直接的交流現象が突然ブームになったりするのである。中世ならば、その楕円で表された部分は、神仏の「冥」に当たっており、ここに超越性が限局されていた。そして夢を語る主体同士の間では、「解釈」が起こるべきであった。ところが近現代では、この主体間の直接交流部分に、テレパシーが超越的なものとして挿入される傾向にある。テレパシーは、短絡的な「解釈」、さらに言えば「解釈」の怠慢である。中世の人々から見れば、神仏を介さない個人相互のテレパシーなど、笑止なオカルト以外の何ものでもなかろう。

コミュニケーションの伏流は、中世では、神仏の世界と人間の世界、つまり冥と顕の間で、もしくは冥の世界の中でのみ、動いているものであった。ところが、近現代になると、こうして顕の世界、すなわち人間と人間との間でも動くものとされるようになってきた。人間と人間の間での伝達のずれは、言語活動としての「解釈」によって生産的に埋められるはずだったのだが、その代わりに持ち込まれてきたユビキタス的表現がテレパシーの概念なのであると歴史的に見ることができる。

3. 分析空間の伏流コミュニケーション

フロイトの議論は、この性急な表現を、もとの「解釈」の姿へと戻そうとする意図を含むものであると読める。事実フロイトは、懸命に「解釈」を試みた。だが、現代では、フロイトの発明した精神分析は、この「解釈」と「テレパシー」との間を微妙に揺れ動く時代に入っている。精神分析はむろん言語の平面で作業する。しかしながら、患者から発せられる言葉は、患者の内面を分析家の内面に「運び入れる」と感じられるということも事実である。つまり、モノの運搬のようなことが、心のレベルで起こるというわけである。このことを強調したのがフロイトの孫弟子にあたるメラニー・クラインとその流派であって、彼らはそのような交流現象をいくつかの言葉で概念化していった。

「投射による同一化」という言葉がその代表である。[3] 乳児と母親の関係がモデルである。乳児は、どのようにもしようのない生存の苦しみを、母親の「中に」「投射する」とされる。そして、「苦しんでいるのは自分ではない、母親である」と感じることによって、さしあたりその場を生き延びることができる、とされる。母親の側からしてみれば、乳児の「代わりに苦しむ」ということになる。「苦しみ」を投入し、投入されることによって、両者は一つのものとなる。つまり同一化する。

このようなことが「本当にあるのか」という問いを発することはそれ自体危険である。このような原初的な同一化に疑問を呈することによって、疑問を発した人自身が、根源的な一体性から疎外され、生存の苦から逃れられず、もはや生きていくことができなくなるからだ。クラインの理論を信じるか信じないかと自問することは、「あなたは生き続けますか、生きるのをやめますか」という問いを自分に向けることに匹敵する。

しかし精神分析は、そうした危険を冒すことをもって本質としている実践である。すなわち、「私とあなたは同じものか、違うものか」という問いを絶えず発しているのが精神分析関係なのである。「同一化」は精神分析の中核概念である。子どもが幻想において同性の親を殺害し、殺したその親と同一化することによって欲望を社会化するというポピュラーなエディプスコンプレクス理論も、「同一化」の概念を受け入れることなしには成り立たない。フロイトは、夢

3 拙著における解説を参照されたい。新宮一成『無意識の病理学―クラインとラカン』金剛出版、一九八九年。

の中に死んだ父が出てくる夢に関し、「夢の中に死んだ人が出てきて生前のように話している場合は、夢見る人はその死者と同一化しているのである」と論じている。[4] この種の夢自体は珍しいものではないから（前章の夢語りを想い起こしていただきたい）、夢見る人はしばしば、自分を死人として経験しているというのがフロイトの主張である。

ここで図1に戻ってもらえば、冥への関係というこの点で、フロイトが意外にも中世の夢観に近い認識を持っていたことが分かる。

話をクライン派の理論に戻さなければならない。クライン派では、「対抗転移」を独特の仕方で捉える。ある分析家が、しばしば人生が虚しくなり、死んでもいいような気分になる。そんな理由がないのに、なぜだろうと不思議に思っていると、そんな気分になるのは決まってある患者との分析の後であるということに気が付く。ここで分析家を母親の位置に置き、患者を乳児の位置に置けば、何が起こっていたかが分かる。すなわち、患者の苦しみは分析家の「中に」「投げ込まれ」ていたのである。分析家は、患者が人生をそう感じているように、人生を感じていたのである。自分でもそれと知らないうちに。これは、患者が分析家に対してなにがしかの感情を感じる「転移」ではなくて、特殊なものであれ、分析家が患者に対して感じた感情であるから「対抗転移」の一形態ということになる。

それにしてもいったい、他人の人生を、他人の人生の内側から、感じ取るというようなことがありうるのであろうか。むろん言語的交流がまったくなかったわけではない。患者の激しい語りや、その反対に膨張するような強固な沈黙が、彼の人生観を分析家の中に投げ込む通路となるのである。

それでも、それが不合理であることには変わりはない。二人の人間を足して一・五人やひょっとしたら一人にしてしまうような計算がここにある。だが私はそれだからといってクラインの着眼点を排除しないし、クラインがこのような考えの基礎を作ったことには十分な理由があると思っている。[5] また、分析は、こうした不合理（私は、数学にもまたがる言葉を使って「無理数」的な関係と呼んでいるが）[6] を扱うことが仕事である。誰かが他人の中に入りこむという不合理は、クライン派では、このように少しテレパシー論的な味わいの許に理論化されている。ラカンはこの不合理を理論化するための道を模索して、トポロジーの導入に着手した。[7] 三次元

4　フロイト『夢解釈・Ⅱ』岩波書店、刊行予定。
5　新宮一成『無意識の病理学―クラインとラカン』金剛出版、一九八九年。
6　新宮一成『ラカンの精神分析』講談社現代新書、一九九五年。

では不可能でも、四次元なら、私はあなたの中に入り、あなたを私の中に容れることができるかもしれない。難解ゆえに評判の悪いラカンのトポロジー論であるが、精神分析の基礎の基礎としての同一化の重要性と不合理性に照らせば、彼の方向性には当然の必然性がある。伏流、あるいは、あの「クラインの壺」のような流れが、私とあなたの、そして私と言語の間に流れているのである。

私が一人の人間であるとき、それでも他人と交流するということ自体が、もともと無理な（無理数的な）ことなのである。そこに神仏の「冥」が介在する理由があったし、いまも無意識が介在する理由がある。

7　ラカン『精神分析の四基本概念』岩波書店、二〇〇〇年。

あとがき

本書は多くの方々の協力によって生まれました。

京都東山正法寺での夢語りの実践に夢の語り手として参加された皆さまに、まず深く御礼を申し上げます。見た夢を語りたくなるというわれわれの本性に目覚めてみようという気持ちを共有できたことを心より幸せに思います。

これ以上は望むべくもない素晴らしい夢語りの場を御提供くださった正法寺の御住職河井義勝氏と朝倉彩氏、御紹介の労をとってくださった久保聡子氏に厚く御礼申し上げます。

事前にわれわれに集団精神療法の知識を伝えてくださったメッド・ハフシ氏に、また催しのアシスタントをつとめ第Ⅶ章に文章を寄せてくれた京都大学人間・環境学研究科の大学院生、村田智子氏と牧瀬英幹氏に感謝します。

弘文堂の中村憲生氏からこのシリーズへのお話を受けたときにはナルシシズムについて書く予定でしたが、このテーマを見つけてからはこれにのめり込んでしまいました。中村氏のご理解に感謝いたします。

本研究は、サントリー文化財団より二〇〇五年度「人文科学、社会科学に関する研究助成」を受けました。そのおかげで、著者たちは夢の語り手たちとともに常に考えを交換しながら研究を進めることができました。

第Ⅵ章はあらかじめ『大航海』五九号に発表した原稿に加筆しました。転載を御許可くださった新書館に御礼申し上げます。

平成十九年六月

京都にて

編者　新宮一成

【著者紹介】

酒井紀美（さかい　きみ）

1947年生れ。大阪市立大学文学部卒業。同大学院文学研究科博士課程修了。現在、茨城大学教育学部教授。日本中世史専攻。著書：『中世のうわさ』『日本中世の在地社会』（共に吉川弘文館）、『夢語り・夢解きの中世』（朝日選書）、『夢から探る中世』（角川選書）。論文：「申詞と申状」（歴史評論607）、「申詞について」（市大日本史5）、「中世の詞とその力」（『中世の内乱と社会』）東京堂出版）ほか。

丸山明（まるやま　あきら）

1968年生れ。臨床心理士。関西大学文学部卒業。同大学院文学研究科博士後期課程単位取得退学。京都大学大学院人間・環境学研究科博士前期課程修了、現在、同研究科博士後期課程在籍中。京都府立精神保健福祉総合センター・臨床心理技術士、関西大学・非常勤講師、関西大学保健管理センター・カウンセラーなどを経て、現在は近畿大学附属高等学校・中学校・小学校にスクールカウンセラーとして勤務。著書：『これだけは知っておきたい——精神療法とカウンセリングの基本（精神科臨床サービス第2巻第3号）』（共著、星和書店）、『学校教育を変える制度論』（共著、万葉舎）。

信友建志（のぶとも　けんじ）

1973年生れ。京都大学人間・環境学研究科博士後期課程修了。思想史・精神分析専攻。現在、龍谷大学非常勤講師。著書：『フロイト=ラカン』(共著、講談社選書メチエ)、『言語臨床の「人間交差点」(シリーズ言語臨床事例集第8巻)』(共著、学苑社)。訳書：ローラン・ディスポ『テロル機械』(共訳、現代思潮新社)、イグナシオ・ラモネ他『グローバリゼーション・新自由主義批判事典』(共訳、作品社)。

【編著者紹介】

新宮一成（しんぐう　かずしげ）

1950年生れ。京都大学医学部卒業。精神科医師。京都大学大学院人間・環境学研究科人間社会論講座教授。著書として『夢と構造』（弘文堂）、『無意識の病理学』（金剛出版）、『ラカンの精神分析』（講談社現代新書、英語と韓国語に翻訳されている）、『無意識の組曲』（岩波書店）、『夢分析』（岩波新書、本書を中心とした業績によりサントリー学芸賞を受賞）ほかがあり、編著として、『意味の彼方へ——ラカンの治療学』（金剛出版）、『病の自然経過と精神療法』（中山書店）など、また共訳書として『クライン-ラカン・ダイアローグ』（誠信書房）、『ラカン』（ちくま学芸文庫）などがある。現在新たに刊行されつつある『フロイト全集』（岩波書店）の編纂に携わる。

メディアと無意識——「夢語りの場」の探求

平成19年8月15日　初版1刷発行　［シリーズ 生きる思想 10］

編　者　新宮　一成

発行者　鯉渕　友南

発行所　株式会社 弘文堂　101-0062 東京都千代田区神田駿河台1の7
TEL 03(3294)4801　振替 00120-6-53909
http://www.koubundou.co.jp

装　丁　笠井亜子

印　刷　三美印刷

製　本　井上製本所

ISBN978-4-335-65128-1

シリーズ 生きる思想

『退屈論』	小谷野敦 著	1800 円
『感情の猿=人』	菅原和孝 著	2200 円
『まぶさび記——空海と生きる』	篠原資明 著	1600 円
『老いの空白』	鷲田清一 著	1600 円
『金子光晴ランボーと会う』	鈴村和成 著	1800 円
『痴呆の哲学』	大井　玄 著	1800 円
『教育の世紀——学び、教える思想』	苅谷剛彦 著	2500 円
『生きる力、死ぬ能力』	池田清彦 著	1600 円
『食品リスク』	神里達博 著	2500 円
『メディアと無意識——「夢語りの場」の探求』	新宮一成 編著	2400 円
『動物的/人間的』	大澤真幸 著	

＊価格(税別)は 2007 年 7 月現在のものです